Presupuestos:

Volumen Completo

Acércate Cada Vez Más a la Libertad Financiera Creando Sencillos Métodos Para el Manejo del Dinero y Así Conseguir Salir de Deudas

Por

Income Mastery

Libro 1: Presupuestos:

Acércate Cada Vez Más a la Libertad Financiera Creando Sencillos Métodos Para el Manejo del Dinero y Así Conseguir Salir de Deudas Volumen 1

Libro 2: Presupuestos:

Presupuestos: Acércate Cada Vez Más a la Libertad Financiera Creando Sencillos Métodos Para el Manejo del Dinero y Así Conseguir Salir de Deudas Volumen 2

Libro 3: Presupuestos:

Acércate Cada Vez Más a la Libertad Financiera Creando Sencillos Métodos Para el Manejo del Dinero y Así Conseguir Salir de Deudas Volumen 3

La información en las siguientes páginas se considera, en términos generales, como una descripción veraz y precisa de los hechos y, como tal, cualquier falta de atención, uso o mal uso de la información en cuestión por parte del lector hará que las acciones resultantes sean únicamente de su competencia. No hay escenarios en los que el editor o el autor de este libro puedan ser considerados responsables de cualquier dificultad o daño que pueda ocurrir después de realizar la información aquí expuesta.

Además, la información en las siguientes páginas está destinada únicamente a fines informativos y, por lo tanto, debe considerarse como universal. Como corresponde a su naturaleza, se presenta sin garantía con respecto a su validez prolongada o calidad provisional. Las marcas comerciales que se mencionan se realizan sin consentimiento por escrito y de ninguna manera pueden considerarse como auspicios de la misma.

Tablas de Contenidos

Libro 1: Presupuestos:

*Acércate Cada Vez Más a la Libertad
Financiera Creando Sencillos Métodos
Para el Manejo del Dinero y Así
Conseguir Salir de Deudas*

Volumen 1

Por

Income Mastery

Introducción

Todos hemos tenido problemas para alcanzar nuestros objetivos de largo plazo. De seguro conoces personas que son altamente exitosas y no sabes cómo llegaron a serlo. Puedes ver compañeros de trabajo que se dan viajes a destinos turísticos que simplemente no están a tu alcance económico. O personas que van comprando carros, departamentos y no los ves preocupados. Y por el otro lado, existe un sin fin de gente que tiene estas cosas pero cuando hablas con ellos puedes sentir el nivel de estrés que tienen porque están hasta el cuello con deudas. Pero luego ves personas que tienen lo que necesitan, viven cómodos y no tienen nada de preocupación. ¿Sabes quiénes son estas personas? Aquellas que han alcanzado su libertad financiera. ¿No te has preguntado cómo lo hicieron? La respuesta es simple, un buen manejo de dinero no es magia, es organización y disciplina.

La gran mayoría de personas verdaderamente exitosas, son aquellas que han alcanzado esa libertad financiera. ¿Y qué significa esto? Resumido de la forma más concreta y rápida, la libertad financiera es la capacidad de vivir sin preocuparse en ningún momento por el dinero. Inclusive algunos lo intentan definir de una manera mucho más económica para nuestra sociedad como la cantidad de meses que podrías vivir si dejaras de trabajar ahora mismo. Pero más allá de eso, es la simple, pero inmensamente importante, sensación de vivir sin una sola preocupación relacionada al dinero.

La libertad financiera está ligada al bienestar económico de un individuo. Pero ojo, no tiene nada que ver con la riqueza. Puedes ganar modestamente e igual tener libertad financiera. ¿Por qué? Porque la libertad financiera no significa que tienes suficiente dinero para comprarte todo aquello que te da la gana, tenga el precio que tenga. La verdadera libertad financiera tiene como uno de sus pilares más grandes e importantes el minimalismo. En aprender a vivir con lo justo y con lo necesario. Entonces, la combinación de minimalismo y libertad financiera nos pueden permitir disfrutar de la vida sin tenernos que preocupar por el dinero. Entonces, para tener libertad financiera, no es necesario tener ingresos elevados. Se trata de entrenar tu mente.

En esta sección, vas a encontrar una buena cantidad de métodos, consejos y reglas que van a ayudarte a controlar mejor tu presupuesto y tus hábitos de gasto para que puedas acercarte a esa libertad financiera que todos ansiamos tener. Vamos a empezar con un presupuesto que vas a poder armar en 7 días. Vamos a empezar con los conocimientos y ejercicios más simples que puedes hacer para que te emprendas en este camino hacia la libertad financiera y vamos a llegar a ver métodos como el método CLARK, que es una manera más avanzada de organizar tus gastos y limitarlos para que tengas más control sobre tu presupuesto.

Sin más que decir, recuerda que todo esto lo puedes modificar para que te favorezca y vaya de lado con tus hábitos de vida. Es importante que trabajes contigo mismo para poder lograr algo de mucho mayor impacto.

Día Uno

El primer día de este proceso son pequeños ejercicios que puedes practicar con el objetivo de mejorar el entendimiento de tus gastos mensuales al nivel más básico. Pueden ser simples, pero no dejan de ser altamente efectivos.

Paso 1: Escribe y organiza tus gastos mensuales

Este paso se explica por sí solo. No se puede subestimar lo importante que es escribir y organizar los gastos mensuales. Por ejemplo, tú puedes consumir lo que se le antoje, cuando se te antoje. Como por ejemplo, una comida rica en la noche. De repente revisas tu estado de cuenta en el teléfono y piensas: "Mira, todavía me queda x cantidad de dinero. Puedo pagarme ese postre que hace tiempo quiero comprarlo!". Seamos honestos, puedes hacerlo si quieres, pero te va a traer problemas si no estás organizando tus gastos de manera correcta y gastas tu dinero de manera impulsiva.

La memoria te puede traicionar. ¿Qué pasa si este mes tenías que pagar una de tus cuotas de algún viaje que hiciste en tus vacaciones? ¿Qué pasa si este mes le pediste dinero prestado a un compañero de trabajo y te lo pide de vuelta? ¿Qué pasa si este mes es el cumpleaños de tu pareja o su aniversario? Y no necesariamente significa que te has olvidado, pero tu memoria podría no darse cuenta de los gastos extra del mes que viene. Por eso, escribir tus gastos al inicio de cada mes es una de las cosas más sensatas que puedes hacer. Es lo que hace la diferencia entre un gurú del dinero y el resto de las personas.

Haz una lista y apunta todo lo que sepas que viene para el mes. ¿Este mes tienes que hacer compras? Apúntalas y calcula cuánto será el total. ¿Tienes una cita con el doctor? Apúntala y sumas lo anterior. Una buena lista organizada no tiene por qué ser compleja. Una lista eficiente podría verse así:

Mes entrante:

- Compras: 80

- Cita médica: 150

- Cita de Aniversario: 100

- Total: 330

Con una lista así, por más simple que sea, tienes pendiente que debes tener reservado un total de 330 de tus ingresos de ese mes para que no tengas problemas y/o preocupaciones financieras.

Más adelante verás cómo segmentar mejor una lista mucho más compleja y organizada de gastos mensuales. Pero poder organizarte para escribir tus gastos funciona hasta la manera más simple. No es necesario crear documentos con tablas en Microsoft Excel o dentro de Google Drive. Lo importante es tener apuntados los gastos de manera que tú puedas reconocer fácilmente y que te ayudes a ti mismo a controlar y ser el dueño de tus finanzas.

No te olvides que todo esto son recomendaciones, si sientes que no funciona apuntar de manera simple, no te preocupes, sigue intentando y eventualmente encontrarás una fórmula que vaya perfectamente contigo y con tu estilo de vida. Y tampoco te sientas mal si no tienes el tiempo para organizarte como este libro te lo va a recomendar más adelante. Listas básicas, como la del ejemplo que está más arriba, siempre van a ser útiles. En conclusión, mientras la lista que has hecho haga que no olvides y dejes de lado tus gastos, la lista funciona.

Paso 2: Reconoce los límites de tu dinero - Cuánto Ganas y Cuánto Gastas

En este paso debes reconocer los límites de tus propios ingresos. Una de las cosas más importantes que ya vimos es tener tus próximos gastos en la mira, apuntados y listados, para que la memoria no te falle y termines con preocupaciones financieras; si tú estás leyendo esto, no estás buscando preocupaciones, buscas tranquilidad financiera.

Este paso te invita a comparar, de la forma en la que tú decidas (puede ser una tabla simple hecha a mano, un documento en notas o una tabla de Microsoft Excel) cuánto ganas y cuánto gastas. Si en el paso anterior hiciste tu lista de los gastos que vienen, es hora de compararla frente a tus ingresos. En el ejemplo anterior, el del Paso 1, los gastos mensuales llegan a 330. Por ejemplo, si tu sueldo fuera de 1,000, y seguimos usando los gastos del ejemplo anterior, tu tabla debería verse algo así:

Ganancias	Gastos
Sueldo: 1000	Mes: 330

¿Por qué esta tabla es importante? Porque te va a ayudar a organizar, conocer y entender todo sobre el dinero que puedes gastar para que estés libre de toda culpa y toda preocupación, en esos gustos o antojos que pueden surgir simplemente en ocasiones del día a día. Ahora mismo puedes ver que en el ejemplo al individuo le quedan 670 para usar en lo que quiera para el resto del mes. Sin embargo, más adelante veremos cómo mejor utilizar esta cantidad para acercarte cada vez más a la libertad financiera. ¿Se te antojó tu postre favorito de tu tienda favorita, pero no sabes cómo afecta tu finanza? Tranquilo, podrás comprarlo eventualmente sin sentir esa preocupación.

Estos pasos te ayudarán a llegar a esa tan buscada libertad donde estarás verdaderamente libre de preocupaciones financieras. Más adelante veremos recomendaciones de cómo utilizar la información de este paso.

Paso 3: Empieza a ahorrar tu dinero en el banco.

Una de las mejores cosas que puedes hacer es ahorrar tu dinero en el banco. Muchos bancos dan intereses por mantener tu dinero ahí. Por más mínimo que sea el monto que te aporten los intereses del banco, vale la pena. Tú puedes ahorrar tu dinero por tu cuenta, pero tenerla en el banco te brinda información, seguridad y una ganancia mínima. Y es por esto que las entidades financieras pueden convertirse en tus mejores aliados para ayudar a transformar tus planes de libertad financiera en una realidad.

Vamos a decirte algunas de las ventajas que te dan los bancos para ahorrar antes de guardar tu dinero "bajo el colchón" como en los viejos tiempos. Los bancos te brindan la posibilidad de aumentar el dinero ahorro con sus diferentes tasas de intereses. Esto significa que solo por mantener tus ahorros en una cuenta bancaria ya estás generando ingresos, aunque sean mínimos. Los bancos también te brindan seguridad, que es mucho más prudente que llevar o guardar efectivo; que es mucho más fácil de robar. Los bancos también te brindan la posibilidad de acceder a ofertas según el tipo de cuenta que tengas o el tipo de tarjeta. Por ejemplo, algunas tarjetas acumulan millas para que puedas viajar a diversos destinos y muchos servicios te ofrecen descuentos por hacer pagos en línea.

Los bancos también te dan rapidez a la hora de hacer trámites financieros. Cuando tienes tu dinero en una cuenta, puedes pagar diversos servicios y hacer transferencias a través de los diferentes canales de atención que te ofrecen las entidades financieras. Hoy en día, ya no es una necesidad hacer cola para realizar pagos, que también puede llevar riesgos de seguridad si estás llevando el dinero para pagar en efectivo. Los diferentes servicios te brindan rapidez y seguridad como nunca antes.

Cabe resaltar que hay otras opciones aparte de bancos. Si quieres únicamente una cuenta donde ahorrar y donde no piensas retirar dinero de manera seguida, algunas entidades financieras te ofrecen la opción de tener y registrar una cuenta que te da los mejores intereses pero que no puedes retirar tu dinero más que una vez al año; pero sí puedes depositar en esa cuenta sin límite, es una cuenta para hacer crecer tus ahorros. Eso es lo óptimo para una cuenta donde únicamente busques guardar tu plata y obtener los mejores resultados financieros. Recuerda: "No es cuánto dinero ganes, es cuánto dinero conserves."

Otras cuentas son las clásicas que generan menos intereses que la anteriormente mencionada pero que sí te van a permitir sacar hasta un límite grande al día de los cajeros automáticos y un límite aún más grande de las ventanillas del banco.

Pero lo más importante, es el acceso a la información de tu cuenta que todos los bancos modernos te proporcionan a través de diversos medios. Lo más probable es que tu banco tenga una aplicación de celular donde puedas ver los movimientos de tu dinero, vas a poder ver cuánto has gastado de tu dinero y en qué; además de ver la fecha que te facilitará la organización.

Es importante tener claro los beneficios que cada banco te puede dar. La ignorancia es el amigo más grande de la pobreza. La información libera y debes utilizar una parte de tu tiempo para ir al banco para que respondan a todas tus preguntas.

Día Dos

En este día nos toca ordenar mejor nuestros gastos e identificarlo como lo que son. ¿Son cosas de las que nos podemos deshacer o son necesarias para nuestra vida? Teniendo esta respuesta toca hacer algo más difícil, sacrificar esos gustos que no suman (y más bien restan) a la posibilidad de que logres tus objetivos financieros. En este día enseña pasos para identificar nuestros gustos y limitarlos para que no se salgan de control.

Paso 4: Segmenta tus Gastos en Fijos y Variables

En este paso vamos a ver una de las bases de las finanzas tanto a nivel de empresa como a personal. Separar, identificar y organizar tus gastos fijos variables y ajustables. Empezaremos con los Gastos Fijos. En el ejemplo que te mostré en el Paso 1, donde tenías que hacer una lista sencilla para registrar y organizar tus gastos mensuales, todos los gastos eran variables. A continuación te voy a explicar por qué.

¿Qué gastos entran en la categoría de gastos de fijos? Aquellos que siempre son lo mismo y no van a cambiar aunque pasen los meses. Los costos fijos más comunes son, por ejemplo, los gastos de alquiler, los servicios de tu casa (Internet, teléfono y cable), seguros que pagas (médico, de algún vehículo, de accidentes, etc.), tus membresías a servicios (como gimnasio, Netflix, Spotify, etc.). Teniendo estos gastos de la manera más clara posible es uno de los pasos más importante que te llevará a la libertad financiera que tanto anhelas.

¿Qué gastos entran en la categoría gastos de variables? Todos aquellos que varían en precio de mes a mes. Por ejemplo: el agua y la luz. Esos costos varían de acuerdo a cuánto has consumido y no siempre son lo mismo. También compras para el hogar, cuando vas al supermercado o al mercado a comprar alimentos. Lo complicado con los gastos variables es que puedes estar fuera de tu control como el precio de la gasolina o del dólar en el mercado. Pero tú también puedes limitar y organizar tus propios gastos, cosa que veremos en el paso 7 más adelante.

Organizando correctamente estos gastos podemos identificar cuáles son los gastos importantes. Giovanna Prialé, presidenta de la Asociación de AFP dice lo siguiente: "Lo urgente e importante en nuestro presupuesto es aquello que no podemos prescindir ni un mes. Por ejemplo: los servicios, porque si no pagamos nos pueden cortar la luz. Sin embargo, si usted tiene un antojo o quiere celebrar con una botella de vino debe entender que, si bien puede ser su necesidad, es solo un deseo".

En este paso, se trate de definir correctamente los gastos fijos como gastos de los que no podemos prescindir y los variables como aquellos que tenemos que controlar de la mejor manera. El próximo paso te enseñará un par de consejos efectivos para reducir tus gastos.

Paso 5: Reduce tus gastos

Este paso te pide priorizar tus gastos y saber identificar todos aquellos que puedas reducir para obtener una mejor cantidad de ahorros. El ahorro no es magia, es una organización voluntaria donde conscientemente se busca incrementar la cantidad de dinero que tienes disponible reduciendo los gastos que no necesitas. Y he ahí la palabra clave, necesitar.

Si bien antes mencionamos que te puedes dar un par de gustos, la clave para acercarte cada vez más a la libertad financiera está en limitarlos. Tienes que separar claramente lo que son gustos de lo que son necesidades. Por ejemplo: agua, luz, comida, transporte y salud son necesidades. Tecnología, dulces, accesorios, licores y adornos son gustos.

Para mantener unas finanzas excepcionales, no debes de gastar más que en necesidades. Giovanna Prialé, presidenta de la AAFP (Asociación de AFPs) en Perú, comenta que la base para entender a las finanzas personales es: **sacrificar algunos deseos para cumplir con tus objetivos**. Lo más recomendado, es que reserves un porcentaje de tu presupuesto equivalente al diez por ciento (10%) y lo destines al ahorro. Y para encontrar una motivación, es bueno fijarse un objetivo, como por ejemplo: salir de viaje en tus vacaciones e ir a visitar otro país. Con un objetivo claro, el esfuerzo se va a mantener.

Habiendo visto previamente lo que son gastos fijos y gastos variables, podrás entender que los gastos fijos son los gastos que se tienen que priorizar; los gastos donde pones tus necesidades. Si bien algunas deudas pueden ser fastos variables, tienes que tratarlas con la misma urgencia e importancia que un gasto fijo. Es importante que para pagar tus deudas, si es que tienes, derives por lo menos el treinta por ciento (30%) de tu presupuesto total. Lo ideal es que no te endeudes, pero si te tienes que endeudar, intenta mantener tus deudas siempre por debajo del 30% para evitar problemas financieros.

Gastos que surgen de manera imprevistas como ir a un concierto o reparar les que se rompieron, son gastos que no puedes anticipar. Si estás usando los números de los ejemplos anteriores, lo que te resta sería lo que puedes usar para los gastos variables. Tienes que sumar entonces el costo de tus gastos fijos, un diez por ciento destinado al ahorro (10%) y un treinta por ciento para pagar deudas o compromisos que puedas tener (30%). El número total de la suma lo restas de tu presupuesto y lo que queda puedes gastarlo libremente en gastos variables.

Hagamos un ejemplo rápido. Si tu presupuesto es 1,000, eso significa que el treinta por cien sería un aproximado de 333 y el diez por ciento serían 100. Esos 100 se van al ahorro, esos 333 se van a pagar deudas. Estos porcentajes suman un total de 433. Al restarlo de tu presupuesto te quedarían 567. Ahora, falta pagar los costos fijos. Digamos que el total de tus costos fijos es 350, si los restas del presupuesto que te queda (567), te quedarías con unos 217. Estos 217 puedes gastarlos libremente en costos variables sin necesidad de sentir culpa alguna.

Recuerda, todo esto son recomendaciones, pero el punto sigue siendo que debes gastar mucho menos de tu presupuesto. Si estás gastando más de tu presupuesto mensual, no podrás conseguir libertad financiera.

Día Tres

Paso 6: Agregando a tus ahorros

En este paso es tiempo de ver cómo agregar a tus ahorros. Vimos en el paso anterior que para reducir tus gastos es bueno designar un diez por ciento de tu presupuesto al ahorro. Ahora vamos a ver cómo puedes definir mejor tus ahorros para poder agregar dinero estando motivado.

Una de las cosas más importantes es definir las metas de tus ahorros. Elige objetivos para tus ahorros, como comprar una bicicleta, una notebook o salir de vacaciones a un lugar cercano. Quizás puede ser algo que verdaderamente te acerca a la libertad financiera, algo como ahorrar para poner en marcha un negocio. Tú tendrás que ver qué es lo más importante para ti y tu futuro, tendrás que poner metas. Y cuando hablamos de metas, es importante poder clasificarlas claramente. Tenemos 3 tipos de metas claras: a corto plazo, a mediano plazo y a largo plazo.

Las metas a corto plazo son metas que no deberían tomar más de 2 años en alcanzarlas. Son cosas como comprar una bicicleta, comprar una laptop o una notebook, y/o salir de vacaciones a algún lugar cercano. Las metas a mediano plazo son metas que no deberían tomar más de 7 años en alcanzarlas. Son cosas como juntar el dinero necesario para el inicial de un departamento, comprar una moto o un carro, y/o salir de vacaciones a otro continente con todo pago. Las metas a largo plazo son metas que pueden tomar varios años en realizarse. Estas metas son metas importantes de vida. Como por ejemplo, ahorrar para una mejor jubilación. Con metas claras, alcanzar tus objetivos de vida es más que posible.

Si bien hay momentos en los que, luego de sacar tus cuentas, sientes que no tienes para ahorrar lo suficiente, igual es preferible que ahorros aunque sea una cantidad menor. No cometas el error de pensar "voy a ahorrar una vez que...". Eso es una de las peores cosas que puedes hacer, ya que a medida que el tiempo pasa, surgen nuevos gastos que no tenías previstos. El mejor momento para ahorrar es ahora. No importa la cantidad de lo que ahorres, importa que estés ahorrando. Recuerda que aunque ese dinero puede sentirse muy pequeño, si lo tienes guardado en alguna institución financiera, puedes generar intereses.

Paso 7: Redefinir tus gastos mensuales

En este paso vamos a redefinir tus gastos mensuales. Vamos a darte algunos consejos para que puedas organizarte para saber cuándo gastar dinero y cuándo no.

Existe una regla que se llamada la "Regla de los 30 días". Esta es la práctica más fácil de implementar, pero a la vez, una de las más difíciles de seguir. Se trata de lo siguiente: simplemente, espera 30 días antes de adquirir artículos que sabes que no son de necesidad básica y resiste la tentación de comprarlos cuando recién te llama la atención. ¿Por qué esta regla es tan efectiva? Porque después de un mes, podrás darte cuenta si de verdad te interesa ese producto o si bien era tan solo un impulso. Si sigues pensando en el producto, puedes comprarlo, si te has olvidado de él, entonces era solo un impulso y ese impulso ya se habrá calmado.

Otra regla es que guardes el vuelto que manejas en la calle. Normalmente, andar con efectivo hace mucho más común caer en la tentación de los pequeños antojos, justamente porque el precio es menor. Lo que esta regla recomienda es que te consigas una alcancía o algo similar que te impida sacar ese dinero hasta que el envase esté lleno. Entonces, el vuelto que manejas en la calle lo guardas en el envase de tu elección al llegar a tu hogar y lo designas solamente para salir de apuros o compras imprevistas de la casa. Antes de que te des cuenta, podrías llegar a tener ahorrado lo suficiente para pagar tus gastos fijos de ese envase. No subestimes el "chanchito del ahorro".

Algo muy útil es limitar tu presupuesto para gastos variables. Básicamente, es ponerte a ti mismo un tope de gastos. Por ejemplo, en las deudas, hablamos que lo mejor era mantenerlas por debajo del treinta por ciento (30%). Los bancos normalmente recomiendan que la persona no se endeude por más de un rango de 60%-70% de sus ingresos mensuales. Pero que tus deudas sean lo menor posible es lo mejor para el ahorro. Entonces, tú también podrías limitar tu tope de deudas en gastos variables. Digamos que te sobra alrededor de 300 de tu sueldo. Antes dijimos que lo que sobre puedes utilizarlo libremente, pero es mucho mejor también ponerte un límite de gastos variables. En este caso, si te queda 300, podrías poner tu límite de gastos variables en 200. De esa manera, siempre te quedaron 100 para cualquier eventualidad. Y si no la hay, tendrás esos 100 el próximo mes y, si vuelves a usar el mismo límite de gastos variables, se transformarán en 200.

Otra regla es que nunca salgas a comprar sin tener perfectamente claro lo que necesitas. Si no has planificado una lista de compras, la posibilidad de que compres algo por impulso que en realidad no necesitas es mucho mayor. Sin embargo, a veces una lista no es suficiente y no te acuerdas todo lo que necesitas hasta que lo ves. En ese caso, existen un par de consejos. Uno de ellos es que revises la fecha de vencimiento. Algunos productos comestibles pueden estar muy cerca al día de compra y si estás pensando usarlo por un tiempo es mejor comprar productos recién rotulados. Otro consejo es que aproveches los descuentos del día. Siempre revisa el catálogo o revista de descuentos porque normalmente suelen incluir muchos productos de consumo básico. Otro consejo es que vayas al local más cercano a tu casa. Esto con el objetivo de que puedas ir caminando, que te obligará a comprar lo justo y necesario para no ir con demasiada carga; cosa que le hace bien a tu salud y a tu presupuesto. Y estos son solo algunos de los conejos que vale la pena seguir si sales de compras sin estar preparado.

Estas son algunas de las cosas que puedes hacer para redefinir tus gastos mensuales. Recuerda, todo está en la claridad, saber qué necesitas y controlar tus impulsos. Todo eso te ayudará a redefinir tus gastos mensuales de la mejor manera.

Paso 8: Planea tus Dólares

El nombre de este paso "Planes tus Dólares" hace alusión a alguno de los planes típicos de países como Estados Unidos para crear un plan que te permita tener un buen manejo de gastos.

Hacer un plan de presupuesto es básicamente organizar un plan para cada "dólar" que tengas. No es magia ni nada por el estilo, pero puede hacer que te acerques mucho más a la libertad financiera y vivas con mucho menos estrés.

Uno de los planes más populares y útiles en la cultura Estadounidense es la del presupuesto de cincuenta, treinta y veinte. En este plan de presupuesto, cincuenta por ciento de tu presupuesto se va a tus necesidades, no más del treinta por ciento se va en gustos y por lo menos un veinte por ciento se tiene que ir a pagar deudas y al ahorro. Esto significa que si tu presupuesto es 1000, de eso puedes derivar

500 para tus necesidades, 300 para tus gustos y 200 para pagar deudas y ahorrar. Este es un plan muy simple por si se te hace muy complicado seguir lo que hemos escrito más arriba.

Pero aparte de esto, vamos a poner en marcha más adelante un plan conocido como el método CLARK. Desarrollado por el experto en dinero Clark Howard. Dentro de los siguientes pasos verás cómo ponerlo en marcha siguiendo cada una de las letras del método CLARK.

Día Cuatro

Este día aprovechas para apuntar tus metas y empezar a armar presupuestos. Averigua todo lo que tengas que averiguar para que el próximo día ya utilices todos tus conocimientos para empezar a registrar tus datos y continuar tu plan. Hoy empiezas a poner en marcha tu propio plan.

Paso 9: Tiempo de poner en marcha tu propio plan

Este paso es uno de los más cortos. Este paso te invita a poner en marcha tu propio plan y hacer tu propio presupuesto con la información anterior. Tómate el día para poder apuntar, agendar y poner toda la información que hemos discutido hasta este punto. Aprovecha el día para ir a los bancos que te interesen y pregunta por sus tasas de interés, sus tipos de cuenta, etc. Si tienes trabajo, intenta pedir permiso y di que tienes que ir al banco para organizar tus finanzas.

También, aprovecha el día para que puedas escribir tu presupuesto mensual, para que puedas apuntar tus costos tanto fijos como variables, para que puedas segmentar tu presupuesto en los diferentes porcentajes, para que puedas planificar cuánto vas a ahorrar y para que puedas apuntas tus metas a corto, mediano y largo plazo.

Una vez que tengas todo preparado, utilizarás el día siguiente para hacer tu presupuesto CLARK. Para hacerlo es importante que ya tengas a la mano toda la información necesaria.

Día Cinco

En este día vas a apuntar en tu software favorito para el manejo de listas y números, uno de los métodos más efectivos para el control de presupuesto. Puedes hacerlo en el programa que prefieras o hacerlo a mano.

Paso 10: Creando una cuadrícula para tu presupuesto

Hoy en día, hay muchos softwares que pueden resolver y ayudarnos con tareas tanto triviales como importantes. Para las finanzas, existen un sin número de programas listos para ayudarnos con todos nuestros objetivos y datos económicos. Entre esta gran variedad de programas, uno de los más usados para listas y datos en todo el mundo es Microsoft Excel, que recomendamos usar para este paso. Si no cuentas con los programas de Microsoft Office existen alternativas como los programas de Google Drive, específicamente refiriéndose a la muy buena alternativa Google Sheets. También están los programas de Open Office, una versión gratuita que se lanzó al mercado como alternativa gratuita a Microsoft Office.

Lo primero que necesitas para crear una cuadrícula de presupuesto en uno de estos programas es la información que vas a apuntar. Ya deberías tener una idea muy clara de la información que vamos a usar si has seguido atentamente los pasos anteriores de los días anteriores.

Hacer una cuadrícula para tu presupuesto personal es uno de los pasos más importantes para acercarse cada vez más a la libertad financiera. Es también, uno de los pasos más importantes para poder mantener tus hábitos de compra y gasto bajo control, y poder construir unos cimientos financieros sólidos para ti y tu familia. Una cuadrícula te ayuda también a priorizar gastos, llevar un registro que te dice exactamente en qué has gastado, que te ayuda a pagar tus deudas, ponerte planes de largo plazo y poder llevarlos a cabo hasta completarlos en su totalidad.

Hacer un presupuesto básico es algo que no requiere mucha ciencia. Como hemos mencionado antes, puedes usar un programa como Microsoft Excel, Google Sheets o el programa de cuadrículas de Open Office, pero también puedes hacer tu cuadrícula en físico usando nada más y nada menos que papel, lápiz o lapicero y una regla. Los pasos son los mismos sin importar en qué hagas tu cuadrícula. Se recomienda tener lo siguiente en tu cuadrícula para tu presupuesto personal:

- Una lista de tus ingresos.

- Una lista de tus gastos.

- Calcular tu Ingreso neto (después de impuestos).

- Ajustar tus gastos.

- Seguimiento a tus gastos.

En la lista para tus ingresos, debes escribir los ingresos totales que traes a tu hogar cada mes. Enfócate en lo que sabes que es confiable, que sí o sí vas a traer a tu hogar. Así que no incluyas ingresos irregulares como el de trabajos extra o trabajos independientes de un par de horas. Cuando ganes ingresos extra, deberías enfocarlos hacia pagar deudas o ahorrarlos si no tienes deudas. Y si trabajas como freelance o estás empezando un negocio, y tus ingresos no tienen un monto exacto, entonces haz un estimado de cuanto es tu ingreso mensual promedio y réstale a ese estimado un diez por ciento (10%), para que aunque estés debajo de tu promedio no estés corto de ingresos. Esta información va en la primera columna de tu cuadrícula y puedes ponerle el nombre de "Ingresos" como título de la columna.

En la lista de tus gastos, que ya los deberías tener más claros dado los pasos anteriores, escribes todos tus tipos de gastos. Empieza con los gastos fijos como tus deudas, alquiler o hipoteca, internet, cable, Netflix y más. Has una lista para los gastos, escribes los nombres y al lado otra lista para poner, al lado derecho de los nombres, el precio de los gastos. Luego de eso, dale una revisada a tus últimas boletas o facturas de lo que tienes que pagar a los bancos o tarjeta de créditos. Usa los números reales sin omitir nada, no omitas ni los centavos que pueden llegar a sumar algún número importante. Agrupa gastos comunes, como si fuiste a McDonalds dos veces, apunta una sola vez y suma el resultado de las dos veces que fuiste. Suma el valor de todos y tendrás tus gastos reales del mes.

Llega el momento de la verdad. Es tiempo de calcular tu ingreso neto, que es básicamente cuánto dinero queda en tu presupuesto de tus ingresos mensuales, una vez que le has restado el total de tus gastos mensuales. Idealmente, el número resultante debería ser positivo. Si no lo es, significa que, en un promedio mensual, estás acumulando deuda, y eso no es nada bueno para ti.

Luego te toca ajustar tus gastos. Solo revisa la lista de gastos mensuales que has escrito en tu cuadrícula y pregúntate a ti mismo cuáles son los gastos que realmente puedes reducir; y si puedes eliminar aún mejor. Por ejemplo, digamos que sueles gastar aproximadamente unos $750 dólares en la tienda del supermercado haciendo las compras de la casa y gastas aproximadamente un promedio de $250 dólares saliendo a comer a la calle. Entonces, quizás puedes tener más cuidado con lo que gastas en comida, ahorrar un poco e intentar solo gastar $600 dólares en compras del supermercado y solo $200 al comer afuera. Eso te ahorra unos $150 dólares de las compras para el hogar del supermercado y unos $50 dólares de los gastos al comer afuera, un total de $200 dólares de ahorro. También mira tus gastos fijos y mira si hay alguno que puedas modificar.

Al final te toca hacerle seguimiento a tus gastos para el próximo mes. Enfócate en aquellas categorías donde decidiste hacer cambios y aquellas que están relacionadas a tu comportamiento y hábitos de gasto, tales como compras para el hogar, comer en la calle, gastos en entretenimiento (cine, conciertos, fiestas, etc.) y lo que gastas en tu hobby (Videojuegos, deportes, etc.) Hazle seguimiento a todo lo que gastas en esas categorías e intenta mantener tus gastos siempre por debajo del objetivo de tu próximo mes. Y si están por debajo del mes anterior analiza el por qué a ver cómo puedes mantener siempre menores gastos.

Si logras el último paso, significa que estás logrando gastar menos de lo que ganas y ese dinero puede ir a fondos de ahorro para emergencias o para algún objetivo a corto plazo, mediano plazo o largo plazo. Ahora, en el siguiente paso veremos cómo usar una cuadrícula ligeramente más compleja y la veremos de manera más detallada. Utilizaremos el método CLARK.

Día Seis

Tómate este día para organizar tu cuadrícula CLARK, uno de los mejores métodos para organizar, hacer seguimiento y tener claro tu presupuesto. Lo veremos a detalle durante el próximo paso y te ayudará a estar cada vez más cerca a la libertad financiera.

Paso 11: Segmenta tu cuadrícula usando el método CLARK.

En el paso anterior vimos cómo utilizar cuadrículas simples para empezar. Ahora vamos a empezar a segmentar nuestra cuadrícula utilizando uno de los métodos más conocidos y efectivos para hacer tu propia cuadrícula de conocimiento. Esta es conocida como **CLARK** por sus cifras en inglés: Calculate your income (Calcula tus ingresos), List your expenses (Lista tus gastos), Analyze your spending and set goals (Analiza tus gastos y ponte metas), Record everything (Registra todo) y Knock out debt and build your savings (Elimina las deudas y construye tus ahorros).

El primer paso de CLARK, que llegaría a ser la C, se trata sobre calcular tus ingresos. Si has seguido al pie de la letra los pasos anteriores, entonces no deberías tener problema al llenar esto. Primero, tienes que registrar y calcular cuántos ingresos estás trayendo a tu hogar al mes. En esto incluye tu sueldo, una vez calculado lo que restas de impuestos y deductivos, y todos los ingresos adicionales que tengas.

El siguiente paso de CLARK, que llegaría a ser la L, se trata sobre escribir una lista de todos tus gastos. Otra vez, si has seguido los pasos anteriores, deberías tener mucho más claro cómo hacer este paso de CLARK en el que nos encontramos; ya has escrito tus gastos en los pasos anteriores. Primero, has una lista de tus gastos del mes pasado (para mantener buenas finanzas se recomienda mantener boletas y facturas de todos los meses) y empieza por escribirlos separados en diferentes categorías, que van a ser tus categorías de presupuesto: como tu hipoteca o alquiler, compras de la casa, boleta del celular, internet, etc. También es bueno categorizar, para tu presupuesto mensual, gastos anuales o semianuales para que no te sorprendan y estés preparado para cuando sea momento de pagarlos. Por ejemplo, si pagas unos 600 de seguro para carro cada 6 meses, podrías separar unos 100 cada mes y mantenerlos en tu cuenta de ahorros para tu próximo pago. Puedes considerar organizar y programar pagos o transferencias automáticas desde tu cuenta bancaria para este tipo de pagos no tan regulares pero que siempre llegan.

El siguiente paso de CLARK, que llegaría a ser la A, se trata de analizar tus gastos y ponerte metas. Ya hemos visto distintos tipos de metas y no hay problema con usar las metas que vimos en los pasos anteriores. Sin embargo, las metas de CLARK están puestas de tal manera que son mensuales (a diferencia de las que vimos en los pasos anteriores como metas de corto plazo, mediano plazo y largo plazo) y también necesarias para este método de trabajo. En este paso, tienes que presupuestar de una manera realista, metas mensuales para cada una de las categorías que has hecho. En la cuadrícula que estás armando dentro de uno de los programas especializados (como Microsoft Excel o Google Sheets dentro de Google Drive), harás lo siguiente: En la primera columna pones "Categorías de Presupuesto" y debajo listas tus gastos, como por ejemplo, hipoteca o alquiler, compras del hogar, teléfono, internet, etc. En la segunda columna pones "Planeado" donde apuntaras cuánto es lo que debes gastar por mes, que es lo que ya tienes listado. En la tercera columna, pones "Pagado" que es lo que de verdad pagaste a fin de mes a diferencia de lo que habías "planeado" pagar. En la cuarta columna pones "Necesita Ayuda" y dejas en blanco la lista debajo del título. En la quinta columna pon "Se ve bien" y dejas en blanco la lista debajo del título como en la cuarta columna. ¿Qué es lo que harás con esta información y cómo usarás esta tabla?:

- Planificar tus gastos limitando un máximo de "dólares" (o la moneda de tu país) por cada categoría que has hecho.

- Tendrás que resaltar o marcar "Necesita Ayuda" en la cuarta columna para las categorías en las que más te quieras enfocar.

- Tendrás que registrar cuánto es que en verdad has gastado en la columna "Pagado",

- Si estás satisfecho con los gastos en alguna de tus categorías, puedes resaltar o marcar la categoría en la columna "Se ve bien".

Cuando hablamos de presupuesto, CLARK sugiere un enfoque a los cambios de comportamiento en el presupuesto y no solo los números te pueden ayudar a estar al tanto. Algunas de sus ideas son las siguientes:

- Invierte 10% de cada dólar que ganes a un fondo para el retiro.

- Si tienes deudas de tarjeta de crédito, CLARK recomienda que congeles (literalmente, para que no la puedas usar) tu tarjeta de crédito y hagas tu presupuesto solo con efectivo.

- Enfócate en preparar tus propias comidas y lleva tu propia comida al trabajo en vez de comer afuera. El ahorro es mayor.

El siguiente paso de CLARK, que llegaría a ser la R, se trata de registrar tus gastos a través del mes. La única forma de mantenerte a ti mismo responsable de tus gastos es registrarlos mientras pasa el mes. Hay muchas formas de registrar tus transacciones, puedes usar el programa de Google Drive como Google Sheets que vimos en el ejemplo anterior, o puedes usar aplicaciones de presupuesto como Mint y YNAB (You Need A Budget por sus cifras en Inglés). Revisar y evaluar tus hábitos de gastos por lo menos una vez a la semana con el propósito de buscar patrones y hacer los ajustes necesarios a tu presupuesto es una de las cosas que te va a acercar cada vez más a la libertad financiera.

El siguiente paso de CLARK, que llegaría a ser la K, se trata de eliminar las deudas y construir tus ahorros. Finalmente, en este paso de CLARK, usas el dinero que te haya sobrado de tu presupuesto para llegar a tus metas de Largo Plazo de manera más rápida. Prioriza cosas como pagar tus deudas de la tarjeta de crédito y construir y/o ahorrar en un fondo para emergencias. Recuerda, "Una vez que estés viviendo con menos de lo que ganas, no existen decisiones absolutamente malas. Pero sí hay algunas que son mejores que otras. Tú creas la libertad y tus propias elecciones cuando simplemente estás viviendo con menos de lo que ganas." Señala el experto en dinero Clark Howard.

Día Siete

En el último día vamos a ver los pequeños consejos para que puedas acercarte cada vez más a la libertad financiera.

Paso 12: Paga adelantado tus facturas.

Pagar tus cuentas, deudas y facturas por adelantado es una de las cosas más importantes que debes hacer para evitar caer en problemas financieros que se vuelven preocupaciones constantes. No hay peor preocupación que la del dinero. Por eso, pagar tus facturas por adelantado te va a ayudar a vivir con menos estrés y te acercará cada vez más a tu libertad financiera.

Ahora, es importante poder controlar tu pago de facturas para que no se salgan de control y no siempre es fácil hacerlo. Es por eso que ahora te vamos a dar unos consejos que puedes utilizar para entrenarte o ayudarte a ti mismo a pagar tus facturas por adelantado. Estos son algunos consejos que puedes utilizar a tu favor:

- Regístrate para pagos automáticos. Si bien muchos servicios de suscripción te cobran automáticamente a fin de mes, necesitas programar esto para pagos verdaderamente importantes como, por ejemplo, tu alquiler. Esto te da la opción de que retiren automáticamente el monto que debes pagar de tu cuenta bancaria y se paguen a penas estén disponibles tus facturas.

- Usa programas financieros con recordatorios automáticos de facturas: Tanto Microsoft Money como Quicken, tienen características que te pueden avisar días o semanas antes de que lleguen tus factura o de que las tengas que pagar. Esto es increíblemente útil si es que no sueles tener mucho tiempo para programarte. Lo haces una vez y te avisa siempre.

- Consolida tus facturas donde puedas: Digamos que pagas internet, cable y teléfono de la misma compañía. En vez de pagar 3 facturas diferentes, podrías intentar contactarte con la compañía para ver si te pueden cobrar en una sola factura. De esta forma es menos probable que se te pase tu fecha de pago.

- Organiza tus facturas: Deberías tener organizadas tus facturas por orden de fecha de vencimiento. Crea el hábito de revisar la fecha de vencimiento de cada factura y apúntala en algún lado, mejor si es en el calendario de tu teléfono como recordatorio. Eso te ayudará bastante a organizarlas mejor, ya que tendrás recordatorio inmediato y visual sobre qué factura te toca pagar ahora. ¿Consejo extra? Apúntala siempre un día antes de la fecha de vencimiento. Así tienes tiempo para estar preparado por cualquier eventualidad.

- Dale tiempo a tu pago para llegar al receptor: Tienes que contactarte con la institución o el individuo al que le vayas a pagar para que sepas cuántos días se demora el sistema que utilicen en procesar los pagos. Esto es aún más importante si estás intentado pagar tus facturas los fines de semana o en feriados, ya que la gran mayoría de los bancos no hacen trámites durante esos días. Si quieres que la fecha límite no te gane, siempre paga con anticipación.

- Apréndete tu ciclo de facturación: Analiza y revisa las facturas de los meses anteriores y haz una lista del orden en el que normalmente aparecen. Te darás cuenta de que tienen algo en común y que caen en una de dos categorías. Algunos son enviados los primeros días del mes (como por ejemplo el 5) y otros son enviados en los últimos días del mes (como por ejemplo el 25). A penas te lleguen tus facturas, paga las que vencen antes de tu próximo sueldo. Si no tienes suficiente dinero en tu cuenta bancaria para pagar regularmente tus cuentas antes de tu próximo sueldo, contáctate con tus acreditadores para ver si pueden ayudarte moviendo tus fechas de pago. Normalmente te pueden ayudar con estos cambios. Solo preséntate al banco y haz el trámite necesario con la persona indicada. Siempre hay personal del banco listo para responder tus dudas.

Más consejos para reducir tus gastos

Para este punto ya debes de haber terminado estos 7 días de presupuesto. Ahora bien, todos los puntos mencionados te van a ayudar, pero debes ver como mejor implementarlos a la rutina de tu propia vida. Si te parece que no tienes la disciplina para seguirlos, no hay problema. No tienes que hacer todo. Es suficiente con que hagas algunas de las cosas para empezar y luego puedes regresar a esta lectura para ver los métodos y escritos más complejos.

Así que, ahora te daremos consejos que puedes aplicar libremente sin necesidad de seguir ninguna regla. Estos son unos cuantos consejos valiosos sobre cómo reducir tus gastos para que puedas ahorrar y manejar tu presupuesto de la mejor manera. Ya que, el problema más grande que evita que te acerques cada vez más a la libertad financiera que buscas, no es que ganes poca plata, es que gastes demasiado y no te permitas ahorrar. Por eso, los siguientes consejos están pensados para ayudarte a regular tus impulsos de compra:

- Ten tu seguimiento de cada gasto a la mano: Lo hemos visto a través de los pasos anteriores, pero deberías seguir registrando tus gastos como notas dentro de tu celular o en algún pequeño cuadernillo que lleves en el bolsillo. Esto hará que nunca te olvides absolutamente nada en lo que has

gastado tu tan importante dinero. Esto
es aparte de los presupuestos en los
pasos anteriores. Es muy fácil olvidarse
en qué se gastó el dinero, apuntar cada
gasto que realices en el día te ayudará a
tener más control sobre tu
presupuesto. Además, puedes ir
revisando en qué gastas y cuando veas
que resulta ser un número
considerablemente grande, vas a
pensar dos veces antes de seguir
gastando más.

- Ten un límite de viaje: Normalmente,
cuando nos vamos de viaje, es común ir
con una bolsa de viaje. Esto es, el
dinero que vamos a utilizar durante el
viaje. Sin embargo, solemos llevar más
de lo que necesitamos verdaderamente.
Es necesario que limites los gastos en
un viaje, poner de verdad cuánto vas a
gastar separado de cuánto vas a llevar.
Si puedes hacer un presupuesto
especialmente dedicado a ese tiempo
que vas a estar de viaje, aún mejor.

- Ten tu presupuesto a la mano: Así
como armamos cuadrículas, es
importante que tengas la información
relevante a la mano. Que la puedas

acceder cuando estés en la calle para recordártelo siempre y nunca excederse accidentalmente del monto. Y esto llega a ser más importante, y hasta puede llegar a ser algo absolutamente necesario, si es que tienes varias categorías de presupuestos como armamos en alguno de los ejemplos. Tienes que tener a la mano cuánto es tu límite de cada gasto que realices.

- Considera solo usar efectivo: Recuerda que el presupuesto que armes no va a servirte de nada si no puedes seguirlo al pie de la letra. Usar efectivo tiene muy buenos beneficios. Primero, estudios aseguran que gastas menos en efectivo que en tarjetas de crédito o débito, porque puedes ver y sentir claramente cómo gastas el dinero. Segundo, si no usas crédito, entonces no existe la horrible posibilidad de que vayas a gastar más de lo que ganas terminando en deuda. Y tercero, si ya tienes presupuestadas tus salidas, entonces solo llevas contigo un monto en efectivo igual al límite de gasto de tus salidas. Así, siempre estarás por debajo de lo que tienes para gastar y no te pasarás del límite.

- Intenta utilizar un sistema de sobres: En el tip anterior vimos para usar efectivo. El sistema de sobres es una evolución sobre el tema de efectivo. Esto se trata de sacar efectivo para los diversos tipos de límite presupuestal de cada categoría y poner el monto exacto del límite dentro del sobre. Por ejemplo, tienes un sobre para tus compras de la casa y un sobre para salir a comer. Entonces así, cuando un sobre está vacío, ya no gastas en esa categoría hasta el próximo mes donde lo llenas de nuevo.

- Congela tus tarjetas de crédito: Si quieres verdaderamente controlar cuánto gastas, evitar usar tarjetas de crédito es una de las cosas más importantes que puedes hacer. Y si no tienes mucho auto control para hacerlo, congelar tu tarjeta de crédito es una de las mejores cosas que puedes hacer para ayudarte. Sin embargo, quizás no quieras deshacerte de tus tarjetas de crédito porque siempre es bueno desarrollar un historial

crediticio haciendo los pagos cuando
debes y te comportas de manera
responsable contigo mismo.

- Utiliza la regla 24 horas para las
compras: Si quieres darte cuenta de
cuando algo es un impulso y no estás
gastando tu dinero desenfrenadamente
sin darte cuenta de las consecuencias,
date un tiempo para pensar en la
compra. Si bien vimos la regla de 30
días, esta regla es diferente porque esta
no se aplica en el producto si no en el
precio. Por ejemplo, pones que tu
límite de 24h está ligado a $50 dólares.
Eso significa que si algo cuesta $50
dólares o más, tienes que pensarlo y
darte 24 horas antes de comprarlo.
Esta regla también te dice que sumes
las horas de acuerdo a intervalos de
$50 dólares. ¿Eso qué significa? Que si
algo cuesta $150 dólares, entonces lo
debes pensar y darte unas 72 horas
antes de comprarlo, ya que $150
dólares es 3 veces el valor límite de tu
regla de 24 horas. De la misma manera
que si algo cuesta $100, entonces te
das dos días (48 horas) para pensarlo
antes de adquirirlo.

- Ponte días de 0 gastos: Otra de las mejores maneras de reducir tus gastos es simplemente decidir no comprar nada. Como obviamente igual tienes que gastar en las cosas necesarias como comida, agua y luz, este método consiste en escoger un día del mes para no gastar. Aún mejor si lo haces por semana. Por ejemplo, todos los 17 de cada mes o los miércoles de cada semana no gastarás nada de ningún presupuesto. Cuando te programas uno de estos días, tienes que comprometerte a no comprar. También existe el Mes de 0 gastos donde solamente compras y gastas únicamente en lo necesario; pero nada de comer afuera, antojos, gastar en tu hobby, etc. Además, uno de los beneficios indirectos es que entrenas a tu mente para disciplinarse a gastar menos.

- Crea un juego de ahorro: Si eres una persona a la que le cuesta mucho ponerse un límite y armar su presupuesto porque te parece tedioso o aburrido, hay un par de maneras de transformar tus ahorros en pequeñas reglas de juegos entretenidos para ayudarte a seguirlos. Por ejemplo:

- Cada billete de $5 dólares que te den de cambio cuando pagas con efectivo, debes guardarlo en una alcancía especial. Pronto vas a estar buscando de manera muy atenta estos billetes para ver qué tanto logras ahorrar.

- Puedes recompensarte por llegar a ciertas metas cortas de ahorros. Por ejemplo, si logras completar tu décimo día sin gasto, puedes hacer algo divertido y no muy caro para ti o tus seres queridos. Puedes pagarte un día de spa para ti y tu pareja, puedes salir a tomar y/o comer con un amigo o puedes comprarte algo que estabas buscando para tu hobby.

- Un competencia del precio más bajo. Si existe algún artículo o producto que sueles comprar de manera consistente, la competencia puede tratarse de buscar el precio más bajo de ese producto en la ciudad donde vives actualmente. Puedes inclusive competir con tu pareja o con algún amigo que compre lo mismo hasta que no logren encontrar un precio menor al último encontrado. Entonces el que encontró ese precio, gana y puedes invitarlo a comer o lo que desee.

- Usa códigos de descuento y cupones: Ahora bien, eliminar gastos no se trata de comprar en oferta si no de eliminar directamente las compras. Porque aunque algo que cuesta $100 dólares lo consigas en $70 dólares, no significa que has ahorrado $30 dólares, significa que has gastado $70. Sin embargo cuando compras algo, tu meta debería ser conseguir el artículo o producto que estás buscando al precio más bajo. Entonces, para artículos o productos que compras de manera seguida, intenta utilizar cupones o busca si tienen descuento. Puedes encontrar cupones en varias páginas web o revisa de manera constante revistas y periódicos para que te puedas enterar de las ofertas de diversas tiendas. Ahora, sólo usa descuentos y cupones para las cosas que de verdad necesitas, porque es fácil convencerse de conseguir ese gusto culposo porque ahora está con descuento. Recuerda que si sientes culpa, probablemente no deberías comprarlo.

- Evita las compras cuando tienes hambre: Quizás te hayas dado cuenta que cuando vas a hacer las compras del hogar, terminas comprando más comida de la necesaria cuando compras con el estómago vacío. Lo más increíble, es que algunos investigadores han descubierto que incluso gastas más en productos que no necesariamente son comida cuando compras con hambre. Son razones evolutivas por las que uno busca conseguir más cosas cuando está con hambre. Así que evita salir a comprar algo cuando estés hambriento.

- Siempre has las compras con una lista: Otra manera buena de evitar los impulsos, es que vayas a hacer compras con una lista específica de únicamente lo que necesitas. Lo más importante es respetar la lista y no comprar cosas que no estén incluidas en ella. Lo más común es hacer esto en los supermercados para la comida del hogar, pero esto también deberías hacerlo cuando vayas a comprar otras cosas. Si estás yendo a comprar ropa, apunta cuánto y qué cosas necesitas. Por ejemplo, 2 polos, 2 pantalones, 1 par de zapatos y una correa. Entonces así te mantienes en lo que vas a comprar y vas a gastar menos. Y si tienes compras pendientes de productos que cuestan bastante, intenta tenerlos apuntados en algún lugar para cuando salga una oferta para ellos.

- Desuscríbete de programas de descuento u ofertas: Si estás en alguna de las listas de compras, cupones u ofertas que te llegan directamente al mail, desuscríbete de esas listas. Si bien puede parecer inteligente y una buena idea tener tu email en lista de cupones o descuentos para cosas que te interesa, la realidad es que ver ofertas solo te inclinan más a comprar algo. Si quieres verdaderamente reducir tus gastos, intenta recibir la menor cantidad de tentaciones posibles.

- Retira tu tarjeta de crédito de cuentas para comprar por internet: Si tienes tu tarjeta de crédito puesta en alguna app o alguna página web para hacer compras, bórralas de ese lugar. Sí, es conveniente tenerlas ahí porque se hace tedioso e inconveniente tener que volver a escribir la información de tu tarjeta de crédito para comprar algo por internet. Pero, ¿adivina qué? Esa inconveniencia es exactamente la idea. Si cada vez que quieres comprar algo tienes que volver a poner la información, lo que significa sacar tu billetera, buscar tu tarjeta y apuntar los datos en la página web, hace que sea más difícil que compres algo por impulso. Solo por aquello que de verdad necesitas o quieres te hará tomarte la molestia de hacer eso. Así que déjalo así. Como molestia.

- Implemente la regla 1 adentro/ 1 afuera: Si ya tienes todos tus gastos fijos cubiertos, entonces puedes aplicar esta regla, de 1 adentro / 1 afuera. ¿Qué pretende esta regla? Que cada vez que compres algo nuevo, bota o dona algo viejo similar a lo que vas a comprar. Por ejemplo, ¿quieres un nuevo par de zapatos? Entonces deshazte de un par viejo. Y, si no tienes zapatos viejos para botar porque estén rotos o desgastados, entonces ¿de verdad necesitas zapatos nuevos? Si bien esto no va a funcionar para todo lo que compres, funciona para casi la mayoría de las compras diarias.

- Cancela suscripciones que no estés usando: Probablemente estás gastando dinero en cosas que no necesitas, y si estás gastando dinero de manera constante en servicios que no usas, lo mejor es cancelarlas. Quizás es una suscripción a una revista que de verdad lees muy poco, una suscripción al gimnasio cuando solo lo utilizas para correr o no lo aprovechas, una suscripción a un servicio streaming que ya no usas, etc. Si estás gastando en una suscripción innecesaria, cancela esa suscripción para que puedas ahorrar el dinero que estabas gastando en ellas. Si no sabes cuáles cancelar, haz una lista de todas aquellas que estás pagando y escribe al lado qué tan seguido lo usas y pregúntate tú mismo, de verdad, cuáles valen la pena para los objetivos que te has puesto en tu vida.

- Busca el costo total de cualquier compra: Muchas de las cosas que podrías comprar van a terminar teniendo un costo continuo o uso de mantenimiento. Por ejemplo, si compras una de esas cafeteras de una taza, vas a necesitar las tazas que van con ella. O un mejor ejemplo, si compras un carro, vas a tener que pagar seguro, mantenimiento y reparaciones. Entonces, para asegurar de que estos gastos no te consuman y te vayan a comprometer a una vida de grandes gastos, considera cuánto te va a costar el total de mantener y operar, no solo de adquirir el producto;en especial para compras donde uses crédito. Por ejemplo, si vas a pagar a crédito, entonces debes calcular cuánto va a ser el total del producto una vez que le sumas todos los intereses que pagues para que puedas considerar de verdad si al final termina saliendo tanto que no te conviene y es mejor ahorrar para conseguirlo. Después de todo, en vez de pagar cuotas, puedes ponerte el producto como una meta a corto plazo y ahorrar para él.

- Ponte un límite de por-uso: Otra buena manera de controlar y reducir tus gastos, es que calcules una compra con un límite de uso para que calcules cuánto uso verdadero le estás dando a un artículo. Por ejemplo, digamos que tu límite de uso es de $1 dólar. Cuando estás viendo un producto que piensas comprar, piensa en cuántas veces lo vas a usar y divide el precio por el número de usos. Entonces, si estás pensando en comprar un televisor de $500 dólares que usarás todos los días durante los próximos dos años, eso significa que le sacarías 730 usos de la televisión. Divides el precio que sería $500 dólares por $730 dólares (recuerda que pusimos límite por-uso a $1 dólar, entonces usarlo por 2 años una vez al día sería 730). Eso te da un resultado por-uso de $0.68 centavos de dólar, bien por debajo de tu límite por-uso de $1 dólar. Entonces, puedes comprarlo. Has esto solo con las compras grandes para no abrumarte. Ya tienes varios otros métodos para las compras menores que no llegan a precios tan altos.

- Planea actividades gratuitas: Limitar los gastos de tu presupuesto no significa que tengas que limitar tu diversión tampoco. Puedes ir a lugares donde sabes que no vas a gastar mucho. Existen conciertos gratuitos en diferentes lugares. También puedes planificar un paseo en bicicleta o una caminata con tu pareja. Puedes buscar en Google las mejores actividades gratuitas para hacer en tu ciudad. Si tienes la playa cerca, puedes ir caminando hasta allá. Esto hazlo como alternativa a las actividades que te hacen gastar bastante dinero como ir al centro comercial o a un restaurante. Mientras más ocupes tu vida con actividades que no cuestan nada, menos tiempo vas a tener para gastar dinero en cosas que no necesitas.

- Consigue ayuda para tus finanzas personales: A veces, es difícil estar motivado para reducir los gastos de tu presupuesto por ti mismo. Puedes hacer un trato con un amigo o con tu pareja de que se van a ayudar mutuamente en sus esfuerzos por reducir sus gastos. Esto no significa un castigo que te va a aplicar tu pareja o tu amigo si fallas en gastar, para nada. El objetivo de esto es tener a alguien a quién reportarle tu progreso. Cuando tienes seres queridos que se preocupan por ti y te dan ánimo, es menos probable que rompas tus límites de gastos. Y si lo haces, ellos deberían estar ahí para entenderte y ayudarte a que no lo vuelvas a hacer, así como tú los ayudarás con lo mismo.

Libro 2:
Presupuestos:

Presupuestos: Acércate Cada Vez Más a la Libertad Financiera Creando Sencillos Métodos Para el Manejo del Dinero y Así Conseguir Salir de Deudas

Volumen 2

Por

Income Mastery

Desarrolla un correcto manejo del dinero

Es importante que desarrolles una capacidad de manejo del dinero adecuada, con cálculos y conocimientos básicos de finanza para que puedas evitar caer en banca rota, o simplemente muy endeudado hasta con la persona que vende los periódicos en la cuadra. Puedes seguir los siguientes pasos para desarrollar el correcto manejo del dinero:

- **Fije prioridades:** el gasto básico de consumo no es flexible. En este caso es importante contemplar gastos básicos como la comida, la salud, el consumo de agua, de luz, de gas, transporte, condominio, teléfono e internet (si trabajas con él), necesidades mínimas de calidad de vida. Una vez atendido este aspecto, es indispensable establecer prioridades de inversión, de acuerdo con las oportunidades y la capacidad financiera que se tenga en todos los sentidos como la disponibilidad de recursos, opción de endeudamiento, posibilidades de alianzas y sociedades, capacidad de pago a tiempo, entre otros.

- **No tema endeudarse:** el crédito es una opción muy importante para soportar el progreso de las personas, tal como lo mencionamos antes. Sé honesto con la información que le suministras a la entidad que te hará el estudio de tu capacidad de pago, pues de esta manera se puede establecer un límite objetivo y realista el cual podrás cumplir con tu capacidad de pago, sin afectarte ni ahogarte en rudas deudas que luego no podrás saldar. En lo posible, utiliza el crédito solamente para proyectos que generen retorno, aumento de capital o fortalecimiento de su capacidad productiva. Evita al máximo usar crédito para gastos de consumo o lujos innecesarios.

- **Distribuye racionalmente tu dinero:** es importante establecer el monto de tu ingreso que se destinará para atender cada una de tus necesidades y compromisos, y haz que las fechas de pago coincidan con las de su salario para evitar atrasos y sobrecostos por intereses de mora. No olvides que siempre es necesario pensar en los imprevistos y las contingencias. Para los imprevistos, es importante crear un fondo de emergencia para salvar cualquier contingencia que se pueda presentar.

- **No temas desinvertir:** evalúa la oportunidad de salir de tus inversiones en el momento preciso o de mayor valorización. Por ejemplo, si tienes un inmueble, analiza el posible desarrollo que el lugar pueda tener, y no descartes su venta para utilizar el dinero en otra inversión más rentable e igualmente segura. Para esto, debes manejar un buen plan de inversión, con un paso a paso de qué hacer para que funcione.

- **No compres por impulso:** procura que todos tus gastos sean justificados y de gran importancia, es decir que, si no son vitales, intenta no hacerlos, y ahorra ese dinero para temas más vitales como comidas, pagos de la casa, transporte, salud, etc. Cualquier gasto debe tener un mínimo de soporte dentro de la racionalidad del manejo de las finanzas personales.

- **Invierte o ahorra en educación**: muchos estudios realizados demuestran que el ahorro básico, y el valor agregado más productivo de un país, una comunidad, una familia o una persona, es la educación, entendida como la acumulación de los conocimientos puestos al servicio del progreso y el desarrollo por medio de proyectos productivos. Es un valor agregado de todas las comunidades, tendencias políticas, y mucho más, que ayudan a moldear la manera de vivir de las personas, buscando siempre lo mejor para la persona. Destinar recursos para potenciar la capacidad de producción es fundamental en la estrategia de manejar con éxito el dinero a nivel personal o familiar.

- **No gastes más de lo que ganas**: aunque esto a veces parezca un poco difícil, debes procurar no gastar de más sobre tu presupuesto. Piensa: si gastas más dinero del que recibes, ¿cómo saldarás la deuda? Si respondes que "pidiendo un préstamo", estarías endeudándote mucho más, y duplicando el nivel de dificultad para salir de las deudas. Es clave establecer la diferencia entre gasto e inversión: el primero no trae retorno económico, mientras que el segundo sí, lo cual implica que una persona puede aumentar sus ingresos manejando bien su dinero. Solo cuando esto se produzca, será posible aumentar el gasto en otros asuntos.

- **Economiza.** Los sacrificios que hagas hoy pueden redundar en beneficios más adelante.

- **Aprende a distinguir entre lo que son lujos y lo que es necesario.** No confundas necesidades con deseos. Las personas que más logran ahorrar, limitan las compras que son solo para darse un gusto. Prefieren ahorrar con miras a lograr una estabilidad económica en vez de gastar en gustos o lujos del momento, cosas superficiales y lujos.

- **Estudia tus hábitos y rutinas.** Muchas personas tienen al menos un hábito costoso. Puede ser un café común y corriente o un capuchino que se toman todos los días, el ansia de comprarse zapatos nuevos o la costumbre de salir a cenar. Estudia todas tus costumbres y rutinas para ver qué puedes recortar, a fin de no gastar más de lo que tienes e incluso disponer de algo de dinero para ahorrar.

- **Evita las compras impulsivas**. Cuando surja la idea de adquirir algo no previsto, date unos días para pensar si de verdad lo necesitas. Es recomendable seguir la regla de los 3 días, la cual consiste en que, para toda compra importante, espera tres días antes de tomar una decisión, días suficientes para que decaiga tu entusiasmo e intervenga la razón, con lo que te aseguras de que esa compra sea la mejor opción.

- **Paga en efectivo o con tarjeta de débito**. Las investigaciones han demostrado que la gente es más propensa a gastar cuando compra con tarjeta de crédito, en cambio, cuando buscas pagar con tu propio dinero, lo piensas dos veces para no descuadrar tu presupuesto mensual. Por eso, si quieres controlar más tus gastos, considera la posibilidad de pagar en efectivo.

- **Visualízate alcanzando tus objetivos**. Si estás procurando juntar un fondo para imprevistos, guardar dinero para una necesidad concreta o incluso ahorrar para darte un gusto fuera de lo común, cada vez que te venga la idea de hacer una compra o tomar una decisión que signifique un gasto de dinero, piensa en la meta económica que te has propuesto. Si la compra en cuestión no te va a acercar a tu objetivo, pregúntate si puedes prescindir de ella.

- **Disfruta de lo sencillo y gratuito.** En la vida hay muchísimas cosas con las que deleitarse que no cuestan dinero. Explora y disfruta lo sencillo, y verás lo notable y enriquecedoras que pueden ser ciertas actividades y experiencias compartidas que literalmente no tienen precio. Por ejemplo, un paseo por el parque, salidas al centro comercial, planes en familia, entre otros.

- **Haga un presupuesto personal o familiar de corto y mediano plazo:** este debe incluir gastos de consumo, porción de ahorro (preferiblemente productivo), entretenimiento, vacaciones e imprevistos. Cuando el presupuesto es familiar, pueden asignarse responsabilidades individuales, de acuerdo con los ingresos de cada uno de los miembros del grupo, bien sea aportando un monto de dinero específico mensual o indicando el compromiso asumido por cada persona. Por ejemplo, servicios públicos, pago de créditos, arrendamiento, estudio, alimentación, etc.

- **Ahorra**: el dinero que puedes recibir hoy es parte del que dispondrás para mañana. Es importante destacar que hay varias formas de ahorro, y que la más rentable es la del ahorro productivo, es decir, aquel que se hace para generar nuevos ingresos, de tal manera que no solamente permitan conservar el valor de lo ahorrado sino aumentar el capital. Ejemplos: educación, vivienda y los bienes valorizables. No olvides que la vejez es una realidad inatajable. Cotiza para tu pensión. Para aplicar para este tipo de ahorros, es importante que tengas una mínima preparación para desarrollarlo de manera correcta.

- **Ten clara la diferencia entre gasto e inversión**: el gasto es aquella actividad que implica la salida de dinero sin retorno económico. Algunos de los gastos producen retornos representados en felicidad y calidad de vida, pero estos solo deben hacerse cuando las circunstancias económicas generales lo permitan. Recuerda que la inversión es aquella que tiene como objetivo principal generar una rentabilidad, donde podrás recibir una cantidad de dividendos libres de gastos.

- **A la hora de invertir**: asesórate lo mejor posible. Pese a que la inversión tiene como objetivo generar rentabilidad, una mala decisión puede ponerlo en riesgo y originar el efecto contrario. No concentre sus inversiones en una sola opción, a menos que apenas esté iniciando la dinámica. Diversificar es una manera de reducir la exposición al riesgo.

- **No superes el límite de endeudamiento**: a menos que el dinero que solicites prestado sea para aprovechar o emprender en un negocio que genere buenos dividendos y buena rentabilidad (costo-oportunidad), evita endeudarte. Las entidades financieras consideran que, en promedio, una persona o familia no debe endeudarse en más del 30 por ciento de sus ingresos fijos, pues esto puede ocasionar un desequilibrio en su economía y traerle problemas.

Seguir estas recomendaciones te ayudarán a respetar y cuidar más tu dinero, además, manejar de manera correcta tus deudas. Una persona sin deudas, es una persona feliz, pues no tiene que rendirle cuentas a nadie, ni tiene compromisos financieros que cumplir, y mentalmente te permite pensar en nuevas y mejores estrategias de crecimiento financiero para ti.

¿Qué son las pymes?

Las Pymes son pequeñas y medianas empresas que buscan su independencia financiera, siguiendo los ejemplos de las grandes corporaciones nacionales y transnacionales de cada país. Son empresas independientes que buscan establecer un lugar en el mercado de comercio, quedando excluidas del mercado industrial ya que no cuentan con grandes inversiones, las cuales caracterizan al mercado industrial. Por esto, una pyme nunca podrá superar ciertas ventas anuales o una determinada cantidad de personal.

Las Pymes son una gran estrategia para salir de deudas sin necesidad de convertirnos en grandes inversionistas, y para ello, se pueden seguir los siguientes consejos (con información referencial del portal Buenos Negocios):

Siete claves para desarrollar Pyme con amigos

Manejar una pequeña o mediana empresa tiene muchísima responsabilidad, tanto como manejar una mega corporación, por lo que es importante y recomendable manejar un negocio con amigos que sean expertos en áreas estratégicas dentro de la compañía. Para desarrollar una Pyme, debes:

1. **Tener (y mantener) objetivos conjuntos.** Existen infinidad de razones por las que alguien inicia un negocio. Al dinero y los aspectos económicos suelen sumarse impulsores como el desarrollo personal, las posibilidades de crecimiento, la solución de problemas globales, la flexibilidad horaria, la fama, entre otros. Si vas a iniciar un negocio con amigos, es fundamental conversar acerca de las expectativas de cada uno. ¿Qué buscan? ¿Cuál sería el modelo de "empresa ideal" para cada uno? ¿A qué quieren darle prioridad? ¿Cómo se imaginan en unos años? ¿Qué consideran "éxito" o "fracaso" del negocio? Una vez en marcha, hacer una revisión al menos anual de estas preguntas permitirá mantener el equipo alineado o hacer los ajustes que sea necesario, sin que se acumulen tensiones que puedan afectar el día a día.

2. **"Cuentas claras..."** Aun cuando puede no ser el motor principal para

algunos emprendedores, el dinero es siempre una parte central de cualquier proyecto. Para preservar la amistad, es imprescindible ser ordenados y conversar acerca de temas económicos y financieros: qué y cómo aportará cada uno a la inversión inicial del negocio, qué ingresos tendrán, quién se ocupará del manejo del dinero, etc. No se trata solo de realizar acuerdos informales, sino de reflejarlo en los aspectos formales, como la composición de la sociedad, la posesión de los bienes y la participación en las ganancias (y las pérdidas). Si no tienen experiencia o formación especializada, un contador puede ayudar a organizar estos aspectos.

3. **¿Todos somos reemplazables?**
   Uno de los principios teóricos de las organizaciones es que todas las personas pueden ser reemplazadas. Sin embargo, cuando un grupo de amigos inicia un negocio es, en parte, porque quiere trabajar con su grupo de pertenencia, y este puede ser uno de sus diferenciadores ante los competidores: los equipos que ya se

conocen suelen funcionar mejor y estar más motivados para superar los obstáculos naturales en la puesta en marcha y crecimiento de un negocio.

4. **Establecer un "protocolo de amistad".** Así como las empresas familiares bien gestionadas tienen un protocolo familiar que establece las reglas de funcionamiento ante la complejidad de la relación laboral y de familia, algo similar se puede hacer entre amigos. Te recomendamos armar un documento con algunas pautas básicas que puedan servir de guía ante situaciones difíciles en la empresa (entrada de socios, reparto de responsabilidades, mecanismos de resolución de conflictos, venta del negocio, etc.). Charlar con tiempo y sin presiones sobre estos temas facilita luego las decisiones y evita roces que puedan dañar la amistad.

5. **Emociones versus eficiencia.** No dejes que una de las características influya más que la otra, es decir, si hay más emociones que eficiencia, el negocio no tendrá la madurez de avanzar, y si tiene más eficiencia que

emoción, no tendrás tiempo para sentir y saber qué le hace falta a tu negocio para mejorar. Las dos dimensiones deben convivir en un delicado equilibrio para que el negocio no se estanque ni se deteriore la amistad.

6. **"Y ahora, ¿quién podrá ayudarnos?"** Mentor, coach, terapista, psicólogo organizacional, consultor... Buscar una persona ajena al negocio para que ayude a mantener las "conversaciones difíciles" puede ser una forma de facilitar la relación y la toma de decisiones.

7. **Disfrutar el día a día.** Busquen la forma de aprovechar el entorno laboral para alimentar la amistad y divertirse: almuerzos, reuniones, viajes de negocios, fiestas de fin de año, entre otras.

La idea de juntarse entre amigos para formar estrategias empresariales es que puedan divertirse y crecer todos juntos en un proyecto en conjunto.

Ahora, no podemos olvidar otra gran estrategia a aplicar en el desarrollo de una Pyme, y se refiere a la práctica de uso de los cheques electrónicos. El mundo digital avanza, y las compañías se ven obligadas a aplicar cambios y actualizaciones en sus plataformas y formas de trabajo para no quedar obsoletas en sus diferentes mercados. Los cheques digitales pueden facilitar en gran manera la operación bancaria y financiera de una compañía.

Al igual que las transferencias electrónicas, los cheques electrónicos son una gran herramienta, pues ya no requieres del papel moneda para intercambiar bienes y realizar negocios, algo que se está volviendo innecesario para las personas.

Según el portal Buenos Negocios, los nuevos cheques electrónicos, o Echeqs, entraron en vigencia en Argentina en julio de 2019, tras la reglamentación del Banco Central. Se trata de documentos electrónicos que circulan solo a través de canales digitales y que constituyen órdenes de pago de un emisor con una cuenta corriente en un banco, para que un destinatario o portador legítimo pueda cobrar la suma detallada en el cheque. Si bien su uso no es por el momento obligatorio, se espera que vayan sustituyendo gradualmente al cheque físico, con el mismo respaldo jurídico.

Como los cheques tradicionales, los Echeqs se emiten desde cuentas corrientes, aunque pueden también depositarse para su cobro en cajas de ahorro, y pagan el impuesto a los créditos y débitos bancarios, de acuerdo con lo recientemente especificado por la AFIP. Inicialmente, solo pueden cobrarlos personas bancarizadas, depositándolos en sus cuentas, aunque se prevé que en el futuro puedan también cobrarse por ventanilla como algunos cheques en papel.

Entre sus ventajas, se puede destacar que:

- Se simplifica la operatoria de emisión, endoso, negociación y circulación en general, ya que todos estos pasos se realizan a través de canales digitales (se emiten y "firman" a través de banca electrónica).

- Los cheques no tienen límites a la cantidad de endosos, es decir, que los cheques de terceros pueden utilizarse para realizar pagos y transferirse a distintos destinatarios.

- Tienen un costo operativo inferior al de los cheques tradicionales, ya que se reducen las necesidades de traslado y verificación de documentos.

- Son más seguros y efectivos, al reducirse las posibilidades de falsificaciones, adulteraciones o pérdida o robo de chequeras.

- Se reducen muchos de los motivos de rechazo de cheques, sobre todo, los relacionados con aspectos formales (como números de cuenta erróneos, información ilegible, errores en las fechas, etc.).

- Al ser más fáciles de negociar y verificar, resulta más simple utilizarlos como forma de financiamiento, a través de la cesión o venta de documentos.

Una vez desarrollada y entendida esta estrategia, embarcamos en las 8 claves para gestionar los pagos. Esta gestión nos ayuda a reducir muchos compromisos financieros como el pago de nómina a tus empleados, a tus proveedores, y cualquier otro acreedor de la empresa. A medida que la empresa crece, crecen las actividades y los montos a pagar por operaciones y todo lo referido con el mantenimiento de la empresa, algo que puede generar dolores de cabeza si no se paga a tiempo y si no se desarrolla un modelo financiero y de trabajo apropiado para que funcione de manera automática. Los pagos son un aspecto central de la rueda operativa de todo negocio y, para hacerlos de forma eficiente, es necesario seguir algunas buenas prácticas:

1. Ten en cuenta tus pagos como un aspecto clave de tu planificación financiera. Lleva un registro contable de tus compromisos y de las operaciones realizadas, haz un seguimiento y análisis de los datos y toma decisiones basadas en información.

2. Selecciona la forma de pago más eficiente para cada caso. Existen muchas maneras de concretar pagos, cada una con diferentes riesgos, costos y practicidad: cheques, depósitos y transferencias bancarias, servicios de pago a proveedores, pago a cobradores, efectivo. Evalúa los requisitos legales y prácticas habituales en tu zona y sector para decidir la mejor forma de pago en cada caso.

3. Fija un calendario de pagos. Aun si manejas pocas operaciones, resulta más sencillo dedicar un día por semana u horario fijo a la gestión de los pagos.

4. Administra una o varias cajas chicas para gastos menores o imprevistos.

5. Mantén tu flujo de fondos actualizado, para anticipar necesidades de o excedentes de dinero. Ten claro la diferencia entre los criterios de percibido y devengado. En particular, agenda las fechas de pago de los cheques emitidos para evitar los costos de los cheques rechazados.

6. Evita los costos ocultos de pensar solo a corto plazo. No se trata de ir tapando huecos y salir a buscar plata cuando hay que pagar. Para un análisis financiero integral, sobre todo en un contexto con inflación, necesitas tener en cuenta la generación de intereses por moras en las facturas pendientes y el costo del endeudamiento si vas a usar el descubierto bancario para realizar pagos.

7. Piensa más allá del dinero. Los pagos suelen ser un aspecto clave de la relación con empleados, proveedores y otros y, por lo tanto, su cumplimiento en tiempo y forma puede impactar más allá de lo financiero. Da prioridad al pago de sueldos y salarios para

mantener a tu equipo motivado, paga
primero a tus proveedores clave y
asegúrate de considerar el impacto de
tus decisiones en la relación a futuro.

8. Control interno. El manejo del dinero
   que sale del negocio es un aspecto
   sensible; asegúrate de tomar las
   medidas básicas para evitar descontrol
   y tentaciones. Por ejemplo, separa las
   tareas de preparación de pagos de las
   de movimiento del dinero; realiza
   arqueos sorpresa y rota al personal que
   maneja el dinero. Un consultor o tu
   contador pueden ayudarte a armar
   circuitos seguros y establecer
   mecanismos de control.

Es muy importante mantener el control y
cuidado en todos los negocios que desees
emprender o comiences a desarrollar. Un
seguimiento constante a todos los
procedimientos de tu compañía te permitirá
prever algún imprevisto y corregirlo a tiempo,
o simplemente evitarlo, para que cuando
tomes cartas en el asunto, ya no sea demasiado
tarde. Debes tomar en cuenta que crear un
negocio propio no te hará millonario
rápidamente, a menos que te ganes la lotería,
pero eso no sería emprendimiento, sino azar,

por lo que debes tener paciencia para comenzar a ver los grandes resultados de la misma. Este es un repaso de los principales conceptos de finanzas personales que debes considerar, especialmente si eres emprendedor:

- **Tu punto de partida te condiciona.** Algunos llegan al negocio propio con amplios fondos personales y familiares, mientras que otros llegan solo con su talento, su entusiasmo y buenas ideas. De todas formas, es cierto que hay emprendedores que arrancan sin nada, y llegan bien lejos, mientras que otros con enormes inversiones igual no encuentran el éxito. Sin embargo, las finanzas iniciales impactan no solo en cuánto dinero personal puedes invertir en el negocio sino en el nivel de riesgo que puedes asumir y el respaldo que tienes en caso de necesidades o fracaso.

- **Para emprendedores es aún más difícil tener un diagnóstico certero de las finanzas personales.** Con un poco de orden, un trabajador en relación de dependencia puede tener en claro cuánto genera y cuánto gasta, cuánto aporta para su retiro y cuánto le retienen mensualmente para obra social y otros beneficios. Para un trabajador independiente o dueño de negocio, en cambio, las cuentas no son tan sencillas. Es fácil perder el control con tantas cosas alrededor: dinero inmovilizado en activos del negocio o capital de trabajo, ingresos irregulares del emprendedor, deudas y compromisos del negocio, dinero de socios e inversores, y hasta grandes sumas que circulan aun cuando el negocio no es rentable. Es vital hacer evaluaciones periódicas para saber cuánto dinero personal tienes realmente, y cuánto de eso puede estar disponible en caso de necesidad. Un contador puede asesorarte si tienes dudas.

- **Cuentas separadas (y ordenadas) reducen los riesgos.** Por una parte, trata de separar las cuentas del negocio de las de su dueño, pues en ocasiones tienden a mezclarse en el día a día. Esto implica no solamente llevar el registro de forma independiente sino asegurarse de que formalmente el negocio esté constituido como una entidad separada de sus dueños. Por otro lado, si hay más de un socio o se trata de una empresa familiar, hay que ser ordenados para reflejar la realidad. Es habitual, por ejemplo, que algunos bienes de uso comercial se pongan a nombre de personas de la familia, o que los familiares usen un vehículo de la empresa o hagan gastos a nombre del negocio. Mientras todo fluye, tal vez no pasa nada. Pero ante algún momento crítico personal (ej. divorcio) o del negocio (ej. juicio laboral), el desorden se puede pagar caro.

- **Alinear expectativas y realidad**. Algunos buscan en el negocio propio la forma de ganar mucho dinero, otros se enfocan en crear un empleo que les guste y les dé libertad. Unos buscan revolucionar el mundo, mientras que otros miden el reconocimiento solo en resultados económicos. Trabajar en familia, tener horarios flexibles o tomar tus propias decisiones son algunos de los beneficios adicionales del trabajo por cuenta propia. Tener en claro qué buscas al emprender y qué quieres recibir a cambio, poniendo todo en la balanza, te ayudará a disfrutar tu camino emprendedor.

- **El esfuerzo extra de las mujeres emprendedoras.** Las mujeres que deciden volcarse al negocio propio suelen enfrentar barreras adicionales, además de los desafíos típicos de todo emprendedor. El acceso a la educación financiera y al manejo del dinero personal son algunos de los desafíos más recientes en el camino de la equidad de género.

- **Todo el que emprende espera que le vaya bien,** sin embargo, no es la realidad para muchos, por lo que no solo hay que estar preparado mentalmente para superar el fracaso, sino que también hay que organizar las cuentas para poder salir adelante en caso de necesidad. La recomendación general, para emprendedores y no emprendedores, es mantener un fondo de reserva de fácil disponibilidad, con dinero para sobrevivir al menos seis meses sin ingresos. Te permitirá reorganizarte y volver a intentarlo, o conseguir un empleo mientras tanto.

- **Administrar un patrimonio creciente es también un desafío**. Un tip adicional si tienes la suerte y la habilidad de estar entre los que a través del negocio propio llegan a la riqueza, es aprender a manejar tu patrimonio y gestionarlo de manera que puedas maximizar el crecimiento de tu negocio y tu desarrollo personal.

Una buena estrategia para garantizar tu futuro financiero con tus emprendimientos, es seguir todas las estrategias mencionadas anteriormente. Pero si tu negocio opera con punto de venta para aceptar tarjetas de débito y crédito, es fundamental conocer qué son los contracargos, por qué pueden generarse y cómo reclamar para recuperar el dinero de esa venta cuando sea posible.

Un contracargo es un débito que la administradora o entidad financiera de la tarjeta de crédito le hace al comercio sobre alguna operación que ya había sido pagada y surge a partir de algún reclamo del banco emisor o del titular de la tarjeta en cuestión.

Las características de un contracargo son las siguientes:

- **Contracargos por desconocimiento de compra:** sucede cuando el cliente dice que no hizo esa compra, puede pasar porque no reconoce en el resumen del banco la operación. Hay medidas que el comercio puede tomar para evitar contracargos por este motivo.

- **Rechazos:** la operación no fue aceptada por la tarjeta, por algún error la compra no se procesó. Para recuperar estos cupones, la única opción es comunicarse con el cliente. Por esto es fundamental tener sus datos.

- **Devolución:** un cliente hizo una compra, la tarjeta la pagó y después el cliente pidió la devolución. En estos casos, la tarjeta hace un contracargo por devolución.

- **Contracargo por venta duplicada:** si por algún motivo a la tarjeta le llega dos veces el mismo cupón, genera un contracargo por uno de ellos. En el caso de que desde la terminal POS se hayan procesado los dos y ambos estén firmados por el cliente, el propietario de la tarjeta debe pagarlos y se le realizan ambos cargos.

- **Contracargo por promoción:** cuando un banco arregla una promoción con el comercio y paga la venta completa, hace un contracargo por promoción para descontar lo que habían acordado. Estos contracargos no son reclamables.

Pero esto no debe preocuparte, pues aquí te vamos a recomendar tres estrategias para evitar contracargos:

1. **Pedir siempre el documento junto a la tarjeta y controlar los datos.** La herramienta principal de la que dispone el comercio para reclamar un contracargo es el cupón firmado. Por eso siempre hay que pedir el documento junto a la tarjeta y controlar los datos, que la foto coincida con la persona que está haciendo la compra y que la firma de la tarjeta y el cupón no sean muy distintas. En este último caso, es preferible anular el cupón y volver a imprimirlo para que el cliente firme otra vez. También puede ayudar a evitar contracargos que el comercio registre el documento y

teléfono del cliente, en lugar de pedirle que lo anote. Así el comercio se asegura de entender la letra y no perder los datos.

2. **Intentar que la razón social y el nombre de fantasía sean similares**. Uno de los motivos más comunes de rechazos es la dificultad para asociar el nombre de fantasía del comercio con la razón social que aparece en los resúmenes de las tarjetas de crédito. Siempre que se pueda, el nombre junto al que el cliente va a observar el importe de la compra en el resumen, debería ser igual o fácilmente relacionable con el del comercio.

3. **Productos en buen estado y amabilidad en el trato del cliente.** La tercera clave tiene que ver con la experiencia de las personas en el comercio. La atención al cliente es sumamente importante en muchos aspectos, hasta para evitar contracargos. También la calidad de los productos y el estado en que se los almacena. El control de stock (cantidad de bienes) ayuda a optimizar estos

recursos y que los clientes se vayan satisfechos del local. Cuando esto no sucede, pueden desconocer las compras como una manera de protesta y, si no se tiene la documentación mencionada más arriba, se pierde tiempo y dinero.

¿Qué hacer y cómo reaccionar ante un contracargo?

Según nos recomienda la agencia Buenos Negocios, especializada en finanzas empresariales, a partir del día en que el comercio recibe la liquidación, cuenta con un período de tiempo para hacer cualquier tipo de reclamo que depende de cada tarjeta de crédito.

Después de ese tiempo, la liquidación se considera consentida y se pierde todo derecho a presentar cuestionamientos y ya no habrá manera de recuperar el dinero que se haya debitado por la venta que sufrió el contracargo. Es fundamental que el comercio controle las ventas con tarjetas para enterarse a tiempo de los contracargos de su negocio y poder hacer los reclamos cada vez que corresponda, esto es lo más recomendable para llevar adelante el reclamo, lo cual varía de acuerdo a cada tarjeta. El paso uno es ubicar el cupón firmado por el cliente y escanearlo.

Ya desarrolladas todas las estrategias para emprender en una Pyme, es importarte también planificar con suficiente tiempo de antelación tu retiro o jubilación, pues evidentemente no querrás trabajar o estar al frente de tu negocio para toda la vida, aunque tal vez en este momento digas que sí, cuando llegue el momento podrías arrepentirte de ese pensar.

Por eso, algunas acciones que puedes realizar ahora mismo para empezar a planificar ese gran paso, aun cuando prefieras no pensar en dejar tu emprendimiento, son:

- **Registrarte y pagar aportes teniendo en cuenta tu futuro.** No puedes contar únicamente con una jubilación oficial para financiar los años del retiro. Si bien el pago de autónomos, y el de monotributo en menor medida, implican aportes que cuentan para calcular futuras jubilaciones en el régimen estatal, por lo general se trata de montos de jubilaciones que van a ser notablemente inferiores a los ingresos habituales de un emprendedor, y al de sus pares en relación de dependencia. En muchos casos, además, los emprendedores trabajan en la informalidad sin hacer esos aportes, y por lo tanto se les dificulta acceder al sistema. Averigua tu situación con un contador: años de aportes, jubilación a la que podrías acceder, opciones de registro para mejorar tus futuros ingresos, etc.

- **Separar dinero personal y del negocio.** Un error común de muchos emprendedores es mezclar bienes y dinero individuales o de la familia, con aquellos que pertenecen a la actividad comercial. Coloca todas las cuentas en orden, esto representa un gran paso para entender con cuánto cuentas para el retiro, o bien para saber el valor del negocio en caso de venta o transferencia.

- **Estimar necesidades y posibilidades económicas para el retiro.** ¿Cuánto dinero necesitarás por mes cuando ya no trabajes? ¿Qué te gustaría hacer en los años de retiro? ¿Qué parte puede venir de una jubilación y qué parte de ahorros o liquidación de bienes? Piensa que a tus gastos normales y de actividades proyectadas es probable que debas agregar gastos médicos y de cuidados, así como gastos que hoy puedes tener cubiertos desde el negocio. Si las cuentas proyectadas no cierran, asegúrate de comenzar a ahorrar para hacer realidad el futuro que imaginas.

- **Armar un plan de retiro del negocio**. No se trata solo de hacer cuentas; también es importante establecer los pasos que vas a dar para dejar el negocio: ¿qué rol quieres y puedes mantener? ¿En qué momento quisieras dejar la actividad? ¿Qué pasa si te enfermas y te ves obligado a dejar el negocio imprevistamente?

- **Planificar la sucesión, transferencia o venta del negocio**. Algunos emprendedores eligen estar siempre cerca de su negocio y seguir trabajando, mientras que otros prefieren poner un punto final y disfrutar del retiro libres de ocupaciones laborales. En ambos casos es necesario prepararse: no es sencillo organizar la sucesión de la empresa familiar, la transferencia a un tercero o la venta de una empresa o fondo de comercio.

Si llevas un exitoso historial financiero y crees que es momento de que tu negocio tenga un impulso y crezca, es momento de saber cuanto dinero podrías obtener por medio de un crédito que te ayude a maximizar tu patrimonio. El crédito, bien utilizado, puede ser un motor de crecimiento para las pequeñas y medianas empresas. No se trata solo de préstamos, sino que existen diversas formas de financiamiento que ofrecen las instituciones del sistema financiero, como tarjetas corporativas y descubiertos en cuenta.

Si deseas solicitar un crédito, debes tomar en cuenta una serie de factores, pues, por un lado, quienes prestan el dinero evalúan algunos aspectos formales, por ejemplo, cómo está constituida legalmente tu empresa, quiénes son sus socios y cuáles son los antecedentes de la empresa. Por otro lado, se tienen en cuenta aspectos relacionados con el desarrollo del negocio como, por ejemplo, en qué vas a aplicar el dinero pedido y cómo mejoran tus proyecciones por el uso del crédito.

Debes considerar los siguientes escenarios, basados en los requisitos habitualmente solicitados por los bancos locales, para entender a cuánto crédito y de qué tipo puedes acceder, según la etapa de negocio en que se encuentra tu empresa:

1. **Empresas que se inician.** Existen algunas líneas de crédito para

promover la formación de nuevas empresas, aunque no es sencillo obtener préstamos formales para negocios que no muestran cierta trayectoria. Revisa si tu proyecto se encuadra en los requisitos necesarios para acceder a estos incentivos.

2. **Empresas que no están formalmente constituidas**. La falta de formalidad o una inscripción independiente suelen resultar barreras a la hora de obtener financiamiento de negocios. Puedes conseguir dinero en forma de créditos personales, que suelen ser más costosos que los que están orientados hacia empresas formalmente constituidas.

3. **Personas físicas con actividad comercial.** Algunos profesionales, comerciantes y proveedores de servicios de cierta envergadura pueden tener un volumen importante de negocios, aunque operen bajo una inscripción como personas físicas. Esto suele habilitarlos a líneas de crédito especiales, que pueden incluir tarjetas de crédito, descubiertos en cuenta y préstamos que pueden estar

respaldados por prendas o exigir ciertas garantías.

4. **Empresas formalmente constituidas, con legajo básico.** Si tu empresa es una SA (sociedad anónima) o SRL (sociedad de responsabilidad limitada) solo presentando mínima documentación y cumpliendo ciertos requisitos de antecedentes, es posible recibir financiamiento básico en forma de acuerdos en descubierto, compra de cheques y tarjetas de crédito corporativas. Para ello suele pedirse la presentación de la copia del último balance, el contrato social o estatuto, los poderes otorgados por la sociedad, las actas de nombramiento de autoridades, entre otros recaudos que dependerán de la entidad financiera a donde solicitarás el crédito. En cuanto a los antecedentes, se evalúa la historia crediticia, en particular, que no existan deudas en mora en otros bancos, ni tengas deuda previsional, ni ejecuciones fiscales vigentes, entre otros aspectos.

5. **Empresas formalmente constituidas, con documentos completos.** Si a la información y antecedentes del punto anterior puedes agregar más balances (dos años anteriores mínimo), una evolución de las ventas, las proyecciones del negocio con y sin financiamiento, y otros documentos que muestren un caso sólido, podrás acceder a una mejor calificación que te permite recibir más dinero. A los instrumentos mencionados en el punto anterior, las empresas con calificación completa pueden acceder a préstamos financieros, en algunos casos para fines específicos, como equipamiento.

Si ya cuentas con tu negocio, es importante controlar las ventas con tarjetas, aunque sea una tarea compleja. Algunos de los motivos que pueden hacer difícil esta actividad, son los siguientes:

- Es importante entrar todos los días para descargar la liquidación y revisar contracargos.

- Las liquidaciones muchas veces no resultan amigables o fáciles de entender.

- Para poder hacer uso de los datos es preciso pasarlos manualmente a Excel.

Por esto, expertos indican que la falta de control sobre los cobros con tarjeta es muy común. Gran parte de los comercios que operan con tarjeta no tienen visibilidad sobre su flujo de efectivo o cashflow, que es uno de los principales indicadores del estado financiero del comercio. Esto afecta al comercio porque le impide planificar. Es fundamental tener a la vista los ingresos y egresos proyectados para tomar mejores decisiones y conocer las posibilidades reales de cumplir compromisos de pago o saber cómo impactará una inversión en la proyección de flujo de caja.

Puedes llegar a perder mucho dinero por estas situaciones:

- **Rechazos y contracargos que no son reclamados a tiempo**: los contracargos son débitos que las administradoras hacen sobre operaciones que ya habían sido pagadas. En algunos casos pueden reclamarse, pero si el comercio no lo sabe y no lo hace a tiempo pierde ese dinero.

- **Retrasos en las acreditaciones:** por falta de control, los comercios pueden no percibir un retraso en los depósitos que deben recibir por sus ventas con tarjetas de crédito y débito. Cualquier error en este proceso es difícil de ver sin las herramientas adecuadas.

- **Pérdida de dinero por no tener claro el flujo de efectivo**: muchos comercios recurren a pagos adelantados porque no tienen certeza sobre los montos que van a acreditarse en sus cuentas ni sobre los plazos. Esto genera costos financieros que pueden evitarse.

- **Retenciones que no se recuperan**: un porcentaje del costo de las ventas con tarjeta corresponde a impuestos y retenciones. Si este monto se contabiliza correctamente, es posible recuperarlo y aprovechar al máximo el crédito fiscal. La falta de claridad hace que los comercios lo pierdan de vista, no lo procesen de manera correcta y entonces se convierte en un costo que podrían evitar.

Por esto, expertos sugieren utilizar una herramienta para automatizar este complejo proceso de control de las ventas con tarjetas, y así contar con información precisa tomada de las administradoras de las tarjetas y ordenada para tener un panorama claro del dinero que va a ingresar por las ventas cada día, sin necesidad de volver a revisar cupones a mano.

Errores muy comunes cometidos durante el uso del dinero

Muchas personas cometen innumerables errores a la hora de utilizar el dinero, lo que da como consecuencia que a final de mes estén muy cortos del mismo, sin embargo, si tomas en cuenta y tomas conciencia de estos errores, puedes controlarlo de una manera más efectiva.

En un estudio realizado por la Comisión Intersectorial para la Educación Económica y financiera en Colombia, se pudo conocer que estos son los errores más comunes que cometen las personas a la hora de manejar su dinero:

- El 94% de los consultados informaron que planificaba su presupuesto, pero solo el 23% sabía exactamente cuándo había gastado la semana anterior.

- El 88% de adultos manifestaron preocupación por tener que afrontar mayores gastos en el futuro (por ejemplo, la jubilación).

- Solo el 41% tiene planes para pagar sus gastos de vejez, y apenas 1 de cada 5 podría afrontar los gastos importantes imprevistos.

- Los consultados tienen altas puntuaciones en el conocimiento de conceptos económicos y financieros sencillos, pero una menor proporción tiene respuestas correctas en la estimación de la tasa de interés simple o compuesta, o sobre el conocimiento del seguro de depósitos bancario, los cuales son conceptos que eventualmente permiten tomar mejores decisiones financieras.

- La gente tiene una alta orientación al presente, por ejemplo, dicen "prefiero gastar dinero que ahorrar para el futuro", una frase popular entre los ahorristas.

- En términos de control de los gastos y ahorro, aproximadamente un 60% del total de adultos lleva un presupuesto, controla su gasto y ahorra de manera cotidiana, aunque la mayoría lo hace fuera del sistema financiero.

Una vez detectados algunos de los errores principales cometidos por las personas, se pueden seguir una serie de recomendaciones para mejorar tu estatus financiero. Entre las recomendaciones están:

1. **Haga un presupuesto**: usted debe tener la relación clara de cuánto dinero entra a su bolsillo y cuánto está gastando. Si maneja las cuentas del hogar, debe ser muy responsable con el dinero que ingresa y en qué se le está yendo. No puede haber despilfarro, y para eso, es útil clasificarlo en ítems como educación, vivienda, diversión y transporte, entre otros.

2. **Aprenda a decir 'NO'**: muchas veces, una salida ocasional, un cumpleaños, una celebración social representa una cuota monetaria con la que no se contaba dentro del presupuesto mensual, semanal o diario. Entonces, lo mejor, es decir, "para la próxima" o "esta vez no puedo".

3. **Salga de las deudas**: cuando no hay ingresos y las facturas están vencidas, la solución para la iliquidez es pedir a alguien prestado. Si está obligado a

endeudarse, acuérdese de tener un ingreso adicional para el pago de sus obligaciones. Así ahorrará dinero y disgustos.

4. **Invertir:** una vez que haya acumulado algo de dinero con sus ahorros, es momento de ponerlos a rendir.

5. **Planificar:** en la mayoría de los casos, podemos identificar ingresos y gastos que se aproximan, bien sean de corto plazo, tales como las primas laborales o los regalos navideños, o de largo plazo: como la jubilación. Establezca un plan financiero para estos sucesos, no lo deje al azar o para última hora.

6. **Pagar con tiempo:** ser 'buena paga' es su mejor carta de presentación en el sistema financiero, no deje el pago de sus recibos públicos o privados para el último día, pues este hábito lo hace más propenso a entrar en mora o atrasarse con sus obligaciones.

7. **Proteger:** nadie tiene el futuro comprado, busque mecanismos que le ayuden a minimizar los impactos económicos de situaciones fortuitas

como terremotos, accidentes de tránsito o una enfermedad.

8. **Adquirir educación financiera**: empoderarse de su relación con el sistema financiero y entender cómo este puede apoyarlo en la consecución de sus objetivos.

Tu forma de pensar debe cambiar para evitar las hemorragias financieras en tu vida, pues con estas recomendaciones puedes detener y evitar muchos problemas económicos con familias, proveedores, y más. Si aun no te sientes convencido de estas técnicas, te recomendamos 5 pasos sencillos para salir de las deudas:

1. **Mentalidad.** Ese pensamiento que te hace sentir una emoción que te lleva a actuar de una determinada manera y a obtener un resultado. Simplemente decide comprar tu libertad saliendo de deudas y actúa en consecuencia.

2. **Lleva un Registro de Gastos.** Para poder acabar con tus préstamos y tarjetas de crédito es posible que necesites mejorar y controlar tus finanzas personales. Tienes que saber cuánto ganas y en qué lo gastas. Si

tienes que ahorrar para destinar ese dinero (o una parte de este) a salir de deudas, tendrás que conocer con exactitud en qué partidas gastas el dinero. Anota tus gastos y una vez al mes analiza en qué se te ha ido el dinero, esto te permitirá tomar decisiones concretas y certeras sobre qué gastos vas a reducir o prescindir para alcanzar tu objetivo de acabar con tus deudas.

3. **Anota y ordena**. Anota todas tus deudas, y no solo las bancarias, por ejemplo, si algún familiar tuyo te prestó dinero alguna vez, si debes algún plazo de una compra de mayor importe, apúntalas en una hoja y ponlo en algún lugar visible, esto te permitirá estar enfocado en tu objetivo. Si le añades alguna fotografía de algo que quieras hacer (algún viaje, por ejemplo) una vez consigas salir de deudas, tu motivación se verá reforzada.

4. **Pasa a la acción**. Ordena las deudas del ítem anterior por tiempo de menor a mayor. Las que te queden menos tiempo para terminarlas serán las

primeras que debes atacar. Destina el
ahorro mensual que consigues después
de haber detectado las fugas de dinero
en el paso 2 con tu control de gasto, y
dedica ese importe a pagar con tiempo
de antelación la deuda que aparece en
primer lugar en tu lista. Cuando
termines con esta, usa el ahorro
mensual más la cuota de la deuda
terminada y ve a por la deuda número
2 de tu lista. Cancela anticipadamente
la deuda número 2 de tu lista con ese
dinero.

5. **Acelera el proceso con un ingreso
   extra**. Si se trata de ingreso común y
   corriente de los que cambias tu tiempo
   por dinero (por cuenta ajena o como
   autónomo) no funciona, pues caerías
   en la paradoja de ser aún más esclavo,
   lo ideal es que implementes un ingreso
   pasivo, el que quieras.

Impulsa tu estrategia de vivir sin deudas

Puedes vivir con la filosofía de vivir sin deudas. Es preferible que vivas cohibiéndote de lujos, pero tranquilo y sin deudas, que, gastando de más, y sufriendo a fin de mes buscando el dinero para saldar tus deudas. Para vivir sin deudas, debes seguir estos sencillos pasos:

- **Entender qué tipo de préstamos tenemos.** Existen muchas formas de entender lo que es un problema, sin embargo, el primer paso para la solución a esto siempre será definirlo. Cuando pensamos en ¿cómo puedo salir de deudas?, por lo general, lo hacemos partiendo de la urgencia del día a día, de la insatisfacción que produce el sentimiento de que estás trabajando únicamente para cubrir las cuotas de los préstamos, o por la angustia de vivir pensando qué malabares haremos para cumplir con el pago de la tarjeta de crédito este mes, tal como lo comentamos antes. Si realmente quieres vivir sin préstamos, lo primero que debes hacer es tener el panorama más amplio y claro posible de tu situación financiera para darle la urgencia y la importancia que realmente requiere esta. Hacerlo puede resultar incómodo y generar miedo y ansiedad porque implica enfrentarte al resultado de muchas decisiones que has tomado en el pasado de manera consciente o inconsciente, pero será un encuentro necesario de tener si tu anhelo más profundo es generar un cambio real en la manera en la que estamos manejando nuestro dinero y cumpliendo nuestros objetivos más profundos. Siendo así, el primer paso será hacer una lista lo más detallada posible con la siguiente información:

A. **¿A quién le debo?** Es decir, el nombre de la persona o la entidad financiera.

B. **¿Cuánto le debo?** Es decir, el valor total de la deuda al día de hoy. En otras palabras, lo que deberías pagarle hoy si quisiera mañana levantarte sin tener ese préstamo.

C. **¿Cuánto le pago mensualmente?** Es decir, el valor de la cuota del crédito. Si la cuota es diaria, semanal o quincenal, solo debes multiplicarlo por el número de días, semanas o quincenas del mes para encontrar el total mensual de pagos que debes hacer a esa deuda.

D. **¿En cuánto tiempo terminaría de pagar?** Es decir, la cantidad de meses que faltan para salir de ese crédito si siguiera pagando las cuotas normalmente.

E. **¿Qué tasa de interés efectiva anual me cobra?** Es decir, el porcentaje que tengo que pagar cada año por tener ese préstamo.

F. **¿Cuál sería una breve historia de esa deuda?** ¿cuál fue la situación que te incentivó u obligó a adquirir ese crédito, y el proceso de decisión que seguiste para elegir ese préstamo?

Medir el impacto que estos préstamos tienen sobre tus finanzas personales.

No todos los préstamos tienen el mismo impacto sobre tus finanzas personales, en principio, porque un crédito de consumo (tarjeta de crédito, libre inversión, etc.) no es comparable con un crédito que se utilizó para la compra de activos de largo plazo (hipotecario o de vehículo, por ejemplo), o contra un crédito informal (gota a gota, paga diario). Segundo, porque existen créditos con cuotas mucho más altas que otros. Tercero, porque tienen diferentes tasas de interés y costos anuales; entre otras. Finalmente, porque los hábitos que cada uno de nosotros tiene frente a una deuda terminan por condicionar el impacto de las mismas en nuestra economía.

- **Evaluar nuestro nivel de solvencia:** cuando hablamos de solvencia, nos referimos a la capacidad que tenemos para cumplir con nuestras obligaciones con base en las cosas que tenemos, es decir, lo que queremos saber es si el valor total de nuestros activos sería suficiente para cubrir nuestras deudas. Mientras que el total de tus activos sea mayor que el total de tus deudas, se puede decir que tienes solvencia financiera. Sin embargo, cuando el valor de tus activos sea inferior al total de tus deudas, se puede decir que no tienes solvencia financiera.

- **Evaluar nuestro nivel de liquidez**: en finanzas, cuando hablamos de liquidez, hacemos referencia a contar con el efectivo suficiente para poder cumplir con los pagos y obligaciones que tenemos que hacer en el día a día. Evaluar nuestro nivel de liquidez es muy sencillo, para esto, basta con comparar el valor total que pagamos mensualmente por cuotas de créditos contra nuestro ingreso neto y nuestros gastos. Si eres muy moderado o ahorrador al momento de gastar, es posible que, al dividir el total de pagos a cuotas entre el total de tu ingreso neto, el resultado sea un número mayor a 0,3 (o 30%) lo cual indica que estás enfrentando problemas de liquidez.

Como último punto, pero no menos importante, podemos destacar que la Universidad de Harvard desarrolló un método bastante efectivo para salir de deudas.

Este método consiste en priorizar a todas las deudas con saldos más pequeños, en vez de centrarse en las obligaciones con mayores tasas de interés. Parece una contrariedad, porque ¿cómo es mejor pagar el saldo más pequeño y desatender las que tienen saldo más alto y cuotas más elevadas por los intereses?

Según el portal expansión.com, este es un sistema enfocado a reducir la deuda, tanto para los individuos, persona natural, como las empresas y negocios. El 'método snowball' nace por la investigación de varios integrantes de la Harvard Business Review.

Para la metodología, se realizó un experimento en el cual varios participantes tuvieron que simular el pago de sus deudas de forma virtual. Tras obtener los resultados, los autores del estudio concluyeron que el factor que tenía mayor impacto no era la cantidad que quedaba por pagar, es decir, la deuda restante, sino el importe que habían conseguido quitarse de encima una vez pagado.

Si usted analiza esta conclusión, es probable que infiera que tiene más lógica pagar primero las cuentas con mayores tasas de interés, pero debería pensar más allá. Las personas suelen ser más confiadas y tienen más esperanza cuando se percatan que parte de sus obligaciones se están eliminando por pequeñas que sean. En otras palabras, centrarse en pagar las deudas con menos tasas de interés tiende a tener un efecto mucho más efectivo en el progreso de la reducción de la deuda total.

¿Cómo se utiliza el 'método snowball?:

Descomponiendo la hoja de cálculo de Sall, es posible utilizar el método. Básicamente consiste en:

- **Calcular la capacidad económica**: para esto, puede ayudarse en las diferentes apps y plantillas de Excel para llevar el control de sus ingresos, gastos y deudas. Cuanto mayor esfuerzo económico haga ahora para quitarse la deuda, menos tendrá que pagar más tarde y, por lo tanto, antes alcanzará la estabilidad.

- **Planear:** una vez logrado lo anterior, tiene que calcular cuánto puede destinar a las deudas más elevadas. La idea es ver si tiene capacidad para destinar un importe mayor cada mes al pago de las mismas.

- **Pagar:** debe escribir e incluir en la hoja de cálculo que ha creado para todas las deudas que tiene, las que son menores al inicio y por último, las mayores. Debe incluir la tasa de interés de cada una de ellas y el pago mínimo mensual para las mismas. Con este cálculo comprobará cuántos meses tendrá que dedicar al pago de las deudas hasta conseguir eliminarlas por completo.

Ahora bien, existen diez cosas que debe hacer para salir de sus deudas, las cuales son:

1. **Acepte su deuda**: como cualquier vicio, el primer paso para terminar con ellos es aceptarlo. Por esto, debe comenzar conociendo la cantidad total de su deuda y estar decidido a terminar con la misma. Para lograrlo puede hacer lo siguiente: apuntar y recordar '**voy a salir de deudas**', hacer una gráfica que le permita ver cuánto le falta, comparta su situación con alguien más y no intente ocultarlo.

2. **Siempre negocie su deuda**: si comienza a negociar en todo lo que hace, será más fácil ahorrar una buena cantidad de dinero. Para el caso de las deudas, puede acceder a las entidades que ofrecen una compra de cartera, esto le ayudará a disminuir intereses, tiempo de los pagos y a ser más comprometido con el objetivo a lograr.

3. **Destine todo su dinero a pagar las deudas:** durante un buen tiempo tendrá que hacer grandes sacrificios para poder destinar un mayor monto para el pago de las deudas. Comience bajando la cantidad de lujos y todo lo innecesario que usted frecuenta en su vida. También deberá buscar nuevos ingresos, esto con el objetivo de aumentar su dinero y pagar más rápido la deuda.

4. **Cambie de gustos:** intente dejar la dependencia de los servicios pagos como televisión, planes de celular y restaurantes, y aprenda a apreciar lo que tiene y lo que realmente necesita. Haz un estudio de lo que realmente necesitas y quédate solo con lo básico, pues ahorrar un poco de dinero aquí puede hacer la diferencia.

5. **Aprenda sobre el dinero**: dedique tiempo a aprender cómo manejar de una mejor manera su dinero. En la actualidad existen una gran cantidad de herramientas que le ayudarán a mejorar su salud financiera, como cursos, conferencias, asistencia con expertos, asesorías y mucho más.

6. **Tenga en cuenta el poder del 'No'**: no malgaste por compromiso, no se involucre en proyectos donde no va a ganar algo. Siempre tome las decisiones que vayan acorde con sus planes y descarte todo aquello que no le servirá. Al igual que ahorrar en los gastos innecesarios como servicios de televisión paga, rentas de telefonía, y más, el dinero ahorrado aquí también te será de mucha ayuda.

7. **Viva con menos**: sea más consciente de lo que realmente necesita para vivir y recuerde 'menos es más'. El consumismo puede ser el mejor amigo de las entidades financieras y el peor enemigo de los deudores, pues se endeudan cada vez más con las entidades financieras para pagar esos lujos.

8. **Venda lo que le sobre**: si tiene objetos que no utiliza y están en buen estado, véndalos. Esto le ayudará a tener un ingreso extra y a cumplir el objetivo anterior.

9. **Utilice el efectivo para pagar**: si es de los que utilizó el crédito y por este se encuentra endeudado, mejor utilice

el efectivo. Esto le ayudará a poner en marcha un presupuesto realista y a limitarse en caso de que sienta la necesidad de gastar en exceso.

10. **Cocine**: comer fuera de la casa es realmente costoso. Por ello, intente preparar sus alimentos, verá que su bolsillo y salud mejorará.

Conclusión

Existen muchos factores que pueden influir de manera positiva y negativa en tu historial crediticio, los cuales pueden ser fatales si no sabes usarlo a tu favor, y pueden ser muy beneficiosos para ti si estudias bien cada movimiento a realizar. Como lo decimos a lo largo de este libro, la clave principal es evitar asumir deudas que superen el monto de tus ingresos, pues lógicamente no tendrás cómo saldar esas deudas en un futuro, y peor aún, será muy difícil asumir los costos de los intereses generados por el tiempo de retraso del pago. Si eres una persona con inteligencia financiera, verás que puedes utilizar esta opción a tu favor, pues puedes solicitar créditos para crear tu propio negocio o emprendimiento que genere los dividendos suficientes para saldar tus deudas, y, además, generar que este dinero y negocio trabaje por ti, saliendo así del tan difícil mundo de las deudas.

Corrige todos los errores y malos vicios financieros que forman parte de tu vida siguiendo los consejos que explicamos anteriormente. Evita la hemorragia financiera, los gastos fantasmas, como por ejemplo seguir pagando la membresía del Gym, aun cuando no vas por falta de tiempo, o solo vas 2 días de los 5 que pagas. Puedes llevar una vida libre de deudas con sencillos consejos y estrategias, además, midiendo el impacto que los préstamos que solicitaste hacen sobre tus finanzas personales.

Ahora bien, si eres una persona con un exitoso historial crediticio, el banco será el primer interesado en aumentarte los límites de crédito para que los solicites para su uso, pero cuidado, porque, aunque puede ser beneficioso para una parte, es arma de doble filo para la otra. Es beneficioso para el banco aumentar tus límites de crédito y que tú los uses, pues eso genera más intereses a favor de la entidad financiera, dinero que ingresa al banco para su mantenimiento, y que al decir verdad, ese es el verdadero negocio de los bancos, pero puede ser peligroso para el solicitante que, en ocasiones está en capacidad para saldar, pero puede tener otros momentos donde le sea más complicado hacerlo, aunque si lo utiliza de una manera más inteligente, como solicitando los créditos para invertirlo en negocios propios, o adquisiciones que le generen dividendos, puede ser muy atractivo y beneficioso para él.

En resumen, los créditos son una gran estrategia y herramienta financiera utilizada para los más necesitados, pero también, para el empresario que decide dedicarse a este negocio, lo importante es participar en esto de manera inteligente, con capacitación suficiente y asesorándose por expertos en la materia.

Libro 3: Presupuestos:

Acércate Cada Vez Más a la Libertad Financiera Creando Sencillos Métodos Para el Manejo del Dinero y Así Conseguir Salir de Deudas

Volumen 3

Por

Income Mastery

Tipos de Presupuestos

Existen diferentes tipos de presupuestos, para que puedas seleccionar uno acorde a tu régimen de vida o necesidad, entre los ellos podemos encontrar los siguientes:

Presupuesto Tradicional.

Esta fue la primera técnica en ser usada, surgió en el sector público para garantizar a la ciudadanía una honesta administración de los recursos públicos. Este presupuesto está basado primordialmente en un criterio de control, el cual busca evitar que aquellos que manipulan fondos, puedan utilizarlos para objetivos diferentes a los aprobados o trazados. Por esta razón, es un presupuesto realizado con el enfoque tradicional que solo permite y aprueba conseguir información sobre las cosas que la organización o institución comprará, además de las unidades administrativas autorizadas para hacerlo.

Esta técnica también es llamada "incremental", pues el cálculo del presupuesto se basa en lo consignado en el periodo anterior ajustado por la inflación del momento, analizando solo los proyectos nuevos que se anexen, pero las actividades periódicas no son revisadas. Esta es una herramienta de control de gasto, la cual busca medir contablemente la gestión del dinero y controlar la integridad del gasto. No es considerada una herramienta de planificación pues asigna los fondos a las unidades administrativas, no a objetivos fijados.

Aspectos positivos:

1. Su clasificación por objeto del gasto, permite un desglose amplio, y por ende un mayor control.

2. La evaluación contable de la gestión está asegurada.

3. Permite la comprobación de la responsabilidad administrativa de los gerentes que tengan a su cargo el manejo de los fondos.

4. Es económico, rápido y simple.

Aspectos negativos:

Cada área de trabajo tiene diversas metas o diversos objetivos, pero los montos no son asignados a esas actividades directamente, sino a la unidad o departamento encargado de ejecutar el presupuesto, por lo que al final nadie sabe a cuáles objetivos o metas le serán asignados los fondos, y quedará a discreción de los encargados en administrar los recursos, aun cuando algunas metas serán más importantes que otras y unas tendrán más prestigio que otras, lo cual puede ser peligroso para la consecución de objetivos.

Al no ser una herramienta de planificación, no va apegada a los planes de la organización, se mueve en una inercia presupuestaria que se va engrosando en el tiempo, sin que ese incremento se relacione con las actividades ejecutadas.

Se limita a recoger la inflación para los costos y gastos que corresponden a actividades ejercidas en el período anterior, anexando las que comienzan en el presente periodo. No cuestiona la pertinencia de las asignaciones anteriores.

1. Su propósito no es solo perseguir objetivos o metas, sino evitar el despilfarro, es decir medir contablemente la gestión y su probidad.

2. Está diseñado para facilitar su administración, contabilización y la auditoria de las cuentas, sigue un criterio de control del gasto.

3. Al orientarse al qué (qué se adquiere) y no al para qué (para qué se adquiere), puede dar como resultado que se ejecuten los gastos legalmente, pero no se cumplan las metas.

4. Las acciones de cada unidad administrativa están desvinculadas de un proceso integral de la organización.

Presupuesto por programa (PPP)

Para la Organización de las Naciones Unidas, en el año 1966, es un sistema en el que se presta particular atención a las cosas que un gobierno realiza o adquiere. Este presupuesto es el que presenta los propósitos y objetivos para lo que se requieren los fondos, los costos de los programas propuestos para lograr esos objetivos y los datos cuantitativos que miden la ejecución o la productividad alcanzada en cada uno de los programas.

En pocas palabras, el Presupuesto Por Programa es un medio que permite medir las realizaciones de cada programa u objetivo, midiéndose la gestión como un todo. La elaboración de un PPP implica que del plan general de la organización se extraigan los objetivos específicos para el año en cuestión, se cuantifiquen a través de metas, se discrimine en tareas y actividades específicas. Al determinar una tarea a ejecutar, se pueden calcular los costos o insumos requeridos para llevar a cabo el desarrollo de la tarea. Una vez terminado este proceso se tiene el plan operativo anual que cada unidad administrativa tiene como misión llevar a cabo para coadyuvar en la consecución de los objetivos generales. Con este sistema nunca se pierde de vista el objetivo de la organización. Como muchas técnicas que comienzan en el ámbito público y luego se generalizan, el PPP es una técnica presupuestaria para cualquier organización.

Aspectos positivos:

1. Posibilita la evaluación de la eficiencia de cada entidad.

2. Acumula sistemáticamente una valiosa información.

3. Selecciona las mejores alternativas en función de un costo beneficio.

4. Estimaciones más realistas, mayor sinceridad en las cifras.

5. La iniciación de nuevos programas, modificación o supresión de otros, es justificada y no arbitraria.

6. Se fijan responsabilidades específicas al personal, por la ejecución de cada programa. Se detectan desviaciones.

7. Se llega a comprender mejor la forma como opera una institución.

8. Se establece una forma ordenada y sistemática de considerar la gestión administrativa.

9. Se crea en el personal un hábito analítico. (análisis y evaluación costo beneficio).

10. Obliga a una constante evaluación del rendimiento general de toda la organización.

11. Introduce realmente el concepto de planificación en países cortoplacistas orientándose hacia la eficacia.

12. Introduce racionalidad en las decisiones financieras.

Aspectos negativos:

1. Tiene que estar en constante evaluación para adaptarse al entorno.

2. Muchas de las actividades de la gerencia no son justificativas como una medida de resultados.

3. La medición del PPP no indica calidad, solo cantidad.

4. No garantiza mejores programas gerenciales por si mismo.

5. Es un producto a largo plazo, como resultado de un cambio de costumbres y organización.

6. No mide actividades complejas. (soberanía, estabilidad, permanencia en el largo plazo, etc.).

Presupuesto Base Cero (PBC).

Es un sistema en el cual las peticiones presupuestarias empiezan desde cero, sin tomar en cuenta las asignaciones previas. Evalúa todas las actividades de la organización para ver cuál deber ser eliminada, colocada en un nivel inferior, o incrementada. Busca contrarrestar el efecto de los presupuestos tradicionales, eliminando las asignaciones por hábito. El gerente tiene la responsabilidad de justificar por qué tiene que recibir un presupuesto dado. Es muy costoso ya que requiere tiempo para su preparación, y aumenta el trabajo de oficina. Ya que el tiempo es una variable relevante en la preparación del presupuesto, puede que la relación costo-beneficio, no justifique su utilización.

Fue desarrollado originalmente en Texas Instruments en el año 1970 por Peter Phyrr, principalmente para operaciones gerenciales. Podría decirse que es una técnica de reingeniería presupuestaria y su utilización puede reducir hasta un 70% de los costos de la organización, pero como toda reingeniería puede ser un proceso traumático para el personal, pues podrían presentar resistencia al cambio.

Costo por actividades

Su principal aplicación es básicamente en los Costos indirectos de fabricación. En la actualidad, los costos indirectos de fabricación han incrementado su influencia en el costo total del producto, mientras que la mano de obra directa ha disminuido, obligando a buscar nuevas bases de distribución con el objeto de mejorar la asignación de los mismos.

Lo primero en realizar al ejecutar esta técnica, es identificar las actividades, luego identificar sus costos, determinar las bases de las actividad de esos costos, asignar los costos para las actividades y asignar a los productos. Su implantación es un poco compleja, requiere tiempo, esfuerzo y dinero para clasificar las operaciones en actividades, además origina cambios en la forma de trabajar y esto ocasiona rechazo por parte de los trabajadores. Adicionalmente, requiere auditoria permanente a fin de constatar que las actividades estén dentro de los costos presupuestados.

Se trata de un método de costo en el cual los productos se clasifican por actividad y de acuerdo al tipo de actividad en la que se engloben, se asigna el costo a cada una de ellas. Se ha observado mayor utilidad en empresas con diversidad de procesos y productos, ya que define con mayor precisión los costos y puede descubrir los que se están vendiendo a pérdida.

¿Cómo se pueden clasificar los presupuestos?

Existen diversos criterios y puntos de vista que permiten clasificar los presupuesto, entre los que encontramos:

Según la flexibilidad:

* **Rígidos, estáticos, fijos o asignados**: también conocido como **presupuesto estático**, es un solo plan y no hace reservas para los cambios que puedan ocurrir durante el período para el cual se ha creado. Se basa fundamentalmente en que las estimaciones de los pronósticos son correctas. Por ejemplo:

"El presupuesto presentado corresponde a un presupuesto fijo, y en él se hace una estimación de la producción trimestral y anual de la fábrica de algún producto y, también, de las ventas para esos períodos, pero no se hace ninguna previsión para considerar posibles cambios en las cifras de producción o en las estimaciones de ventas como resultados de cambios en la situación económica del país, de aumento de los precios de las materias primas, etc., es decir, considera que no se producirá cambio alguno.

140

Ahora, en el caso de un país cuya economía no es estable, los presupuestos fijos no son los más recomendables, a menos que cubran un período de tiempo relativamente corto que permita que el precio no tenga fluctuación.

- **Flexibles o variables**: son aquellos que se elaboran para diferentes niveles de actividad y se pueden adaptar a las diferentes circunstancias del entorno. Estos presupuestos suelen ser de gran aceptación en el área presupuestaria moderna. Son dinámicos y adaptativos, pero complicados y costosos. Estos presupuestos muestran los ingresos, costos y gastos ajustados al tamaño de operaciones manufactureras o comerciales. Se destaca en el campo presupuestario de los costos, gastos indirectos de fabricación, administrativos y ventas. Se elabora para distintos tipos de operación o usos, facilitando información proyectada para distintos volúmenes de las variables críticas, especialmente las que representan una restricción o factor condicionante o de riesgo. Su principal característica es evitar la rigidez del presupuesto maestro o estático que proyecta un nivel fijo o estático de trabajo, transformándolo en una herramienta dinámica con varios niveles de operación para conocer el impacto sobre los resultados esperados de cada rango de actividad, como consecuencia de las distintas reacciones de los costos frente a aquellos. Esto significa que se crea para un cierto volumen comprendido entre un mínimo y otro más elevado, dado por el nivel máximo de actividad de la empresa

Pero también están las que son **según el periodo que cubran:**

- **A corto plazo**: se realizan para cubrir la planificación de la organización en el ciclo de operaciones de un año. Este sistema puede adaptarse a los países con economías inflacionarias.

- **A largo plazo: en lo posible**. corresponden a los planes de desarrollo que, por lo general, adoptan los estados y grandes empresas.

Existen los que son según el campo de aplicabilidad en la empresa.

- **Presupuesto maestro:** es el principal y uno de los más importantes presupuestos de una empresa, es decir, el final de todo un proceso de planeación y planificación, y comprende todas las áreas del negocio como son ventas, producción, compras, etc., y por eso se llama maestro. Este presupuesto, que comprende todos los gastos, está compuesto de otros dos presupuestos más pequeños que son: el presupuesto de operación y el presupuesto financiero.

El **presupuesto de operación** se compone también de otros presupuestos más pequeños.

- **El presupuesto de ventas:** es donde se prevé cuánto se espera vender sobre eso, se sabrá cuánto se debe producir y cuánto costará hacerlo. Es importante chequear qué materia prima se necesita, cuánta mano de obra se utilizará, cuáles serán los costos indirectos de producción y cuánto va a costar todo eso. Al conocer cuánta materia prima se necesita, se podrá planificar y presupuestar las compras.

- **Presupuestos operativos:** consiste en todos los ingresos y gastos que una empresa, gobierno u organización utiliza para planificar y coordinar sus operaciones durante un período de tiempo, generalmente un trimestre o un año. Se prepara antes de comenzar un período contable, como una meta que se espera alcanzar. Muestra los ingresos proyectados de la compañía y los gastos asociados para el siguiente período, generalmente el próximo año. Por lo general, la gerencia de la compañía pasa por el proceso de recopilar los datos del presupuesto antes del comienzo del año y luego realiza continuas actualizaciones cada mes. Puede consistir en un plan resumido de alto nivel, respaldado por detalles que respaldan cada partida presupuestaria.

- **Presupuestos de inversiones**: representa todo aquello en donde la empresa o persona debe "Invertir" para un propósito que va más allá del ejercicio económico de un año. Si la empresa busca crecer con nuevos productos, quizá deba invertir en nueva o mejor maquinaria, si desea ampliar su capacidad de distribuir sus productos, puede que necesite nuevos camiones o, abrir nuevos depósitos en otras ciudades, o adquirir, o remodelar nuevas oficinas, es decir, una inversión es todo aquello que acompaña normalmente un crecimiento o mejora de la compañía. Es importante destacar que este presupuesto se debe acompañar con un análisis del retorno que esas inversiones traerán a la empresa por la vía del flujo de caja adicional o utilidad adicional, si se trata de una inversión para expandir las operaciones. Si se trata de una inversión para mejora tecnológica, quizá el retorno no provenga de la generación de nuevo flujo de caja, sino del ahorro de costos o gastos operativos que esta.

Funciones a cumplir en un presupuesto

El presupuesto tiene muchas funciones a cumplir, pero a continuación te presentamos las más importantes en términos generales:

- Da un completo control financiero de la organización.

- El control presupuestario es el proceso que busca descubrir qué es lo que se está haciendo, comparando y evaluando los resultados con sus datos previamente presupuestados, para de esta manera poder verificar los logros o remediar las diferencias.

- Un presupuesto puede desempeñar tanto roles preventivos como correctivos dentro de la organización o compañía.

- El presupuesto también es útil en la mayor parte de las organizaciones. Compañías o empresas como: utilitaristas (compañías de negocios), no-utilitaristas (agencias gubernamentales), grandes (multinacionales, conglomerados) y pequeñas empresas.

- Los presupuestos son importantes porque ayudan a minimizar el riesgo en las operaciones de la compañía.

- A través de los presupuestos, se logra mantener el plan de operaciones de la empresa en unos límites razonables.

- Sirven como mecanismo para la revisión de políticas y estrategias de la empresa, para así dirigirlas hacia los objetivos estratégicos.

Cabe destacar que el presupuesto es un plan de acción dirigido a cumplir una meta prevista o fijada, expresada en valores y términos financieros que debe cumplirse en determinado tiempo y bajo ciertas condiciones previstas. Este concepto se aplica en cada centro de responsabilidad de la organización. Se conoce como un documento en el que se contiene una previsión generalmente anual de los ingresos y gastos relativos a una determinada actividad económica. Un presupuesto puede constituir, por lo regular, un plan financiero anual.

- En términos financieros, cuantifica los diversos componentes de su plan total de acción.

- Las partidas del presupuesto sirven como guías durante la ejecución de programas del personal en un determinado tiempo, y sirven como norma de comparación una vez que se hayan completado los planes y programas.

- Los presupuestos sirven como medios de comunicación entre unidades a determinado nivel y verticalmente entre ejecutivos de un nivel a otro. Una red de estimaciones presupuestarias se filtra hacia arriba a través de niveles sucesivos para su ulterior análisis.

El presupuesto funciona como una herramienta para la planificación de las actividades, o de una acción o de un conjunto de acciones, reflejadas en cantidades monetarias las cuales determinan de manera anticipada las líneas de acción que se seguirán en el transcurso de un periodo determinado.

Elementos existentes en un presupuesto

Un presupuesto es un plan que debe cuidar hasta los más mínimos detalles, pues tal y como es la matemática, debe ser un cálculo muy exacto de todo lo que se debe contemplar, y para eso debes tomar muy en cuenta los siguientes elementos para la creación de un presupuesto:

- El presupuesto expresa lo que la administración tratará de realizar, de tal forma que, la empresa logre un cambio ascendente en determinado periodo.

- **Integrador:** indica que toma en cuenta todas las áreas y actividades de la empresa. Es un plan vo un todo, pero también está dirigido a cada una de las áreas, de forma que contribuya al logro del objetivo global. A este proceso se le conoce como presupuesto maestro, formado por las diferentes áreas que lo integran.

- **Coordinador:** significa que los planes para varios de los departamentos de la empresa deben ser preparados conjuntamente y en armonía. Si estos planes no son coordinados, el presupuesto maestro no será igual a la suma de las partes y creará confusión y error.

- En términos financieros, resalta la importancia de que el presupuesto debe ser representado en la unidad monetaria para que sirva como medio de comunicación, pues de otra forma surgirían problemas al momento de analizar el plan maestro.

- **Operaciones:** uno de los objetivos fundamentales de un presupuesto es determinar los ingresos que se pretenden obtener, así como de los gastos que se van a producir. Esta información debe elaborarse en la forma más detallada posible.

- **Recursos:** no es suficiente determinar los gastos e ingresos del futuro; la empresa también debe planear los recursos necesarios para realizar sus planes de operación, lo cual se logra básicamente con la planeación financiera, que incluye al presupuesto de efectivo y al presupuesto de adiciones de activos (inventarios, cuentas por cobrar, activos fijos).

- Dentro de un periodo futuro determinado un presupuesto siempre tiene que estar en función de cierto periodo.

De acuerdo con algunos estudios realizados, las compañías que usan presupuestos llevan a cabo cuatro aspectos:

1. Se comprometen con el presupuesto.

2. Conectan la planeación de corto plazo con la de mediano y largo plazos.

3. Adoptan procedimientos detallados y comprensibles para realizar los presupuestos.

4. Analizan las variaciones presupuestales y toman acciones correctivas.

¿En qué cosiste el proceso presupuestario de ingreso de las compañías?

Esta actividad refleja de manera cuantitativa los objetivos planteados por la compañía a corto plazo, a través del establecimiento oportuno de programas, sin perder la perspectiva del largo plazo, ya que esto condicionará los planes que tenga la empresa u organización con un fin especifico. El proceso consiste en los siguientes pasos:

1. Definición y transmisión de las directrices generales a los responsables de la preparación de los presupuestos.

2. Elaboración de planes, programas y presupuestos.

3. Negociación de los presupuestos.

4. Coordinación de los presupuestos.

5. Aprobación de los presupuestos.

6. Seguimiento y actualización de los presupuestos.

Los presupuestos más destacados:

por su uso recurrente en una compañía, emprendimiento u organización, son los siguientes:

Presupuesto de producción.

Son estimaciones que se hallan estrechamente relacionadas con el presupuesto de venta y los niveles de inventario deseado. El presupuesto de producción es realmente el presupuesto de venta proyectado y ajustado por el cambio en el inventario, primero hay que determinar si la empresa puede producir las cantidades proyectadas por el presupuesto de venta, con la finalidad de evitar un costo exagerado en la mano de obra ocupada. Para esto, es importante destacar los siguientes componentes: Personal diverso, Cantidad horas requeridas, Valor por hora unitaria.

Presupuesto de gasto de fabricación

Son presupuestos estimados de forma directa o indirecta que intervienen en todas las etapas del proceso de producción, son gastos que se deben cargar al costo del producto. Es importante considerar un presupuesto de Gastos de Mantenimiento, el cual también impacta los gastos de fabricación. Esto contempla horas-hombre requeridas, operatividad de máquinas y equipos, stock de accesorios y lubricantes.

Presupuesto de costo de producción

Son presupuestos estimados que de forma específica intervienen en todo el proceso de fabricación unitaria de un producto, quiere decir que del total del presupuesto del requerimiento de materiales se debe calcular la cantidad requerida por tipo de línea producida la misma que debe concordar con el presupuesto de producción.

Características:

- Debe considerarse solo los materiales que se requiere para cada línea o molde.

- Debe estimarse el costo.

- No todos requieren los mismos materiales.

- El valor debe coincidir con el costo unitario establecido en el costo de producción.

Presupuesto de requerimiento de materiales

Se realizan con base en cálculos de compra de materiales armado bajo condiciones normales de producción mientras no se produzca una falta de materiales, esto permite que la cantidad se pueda establecer sobre un básico establecido para cada tipo de producto, así como la cantidad de capital presupuestada por cada área, debe responder a los requerimientos de producción, el departamento de adquisiciones debe establecer el programa que se acople con el presupuesto de producción, si hubiese necesidad de un mayor requerimiento, se tomará la flexibilidad del primer presupuesto para una ampliación oportuna y así cubrir los requerimientos de producción. Es importante verificar las variaciones de los mercados internacionales, para encontrar el mejor punto de compra.

Presupuesto de gastos administrativos

Se considerada la parte medular y más importante de todo presupuesto, pues se destina la mayor parte del mismo. Son estimaciones que cubren la necesidad inmediata de contar con todo tipo de personal para sus distintas unidades, buscando darle operatividad al sistema. Debe ser lo más austero posible sin que ello implique un retraso en el manejo de los planes y programas de la empresa.

Entre sus características, debe:

1. Ir ajustado de acuerdo a las necesidades de la empresa.

2. Ser elástico.

3. Regirse por su naturaleza.

Presupuesto financiero

Consiste en fijar los estimados de inversión de venta, ingresos varios para elaborar al final un flujo de caja que mida el estado económico y real de la empresa. Comprende:

1. Presupuesto de ingresos (el total bruto sin descontar gastos).

2. Presupuesto de egresos (para determinar el líquido o neto).

3. Flujo neto (diferencia entre ingreso y egresos).

4. Caja final.

5. Caja inicial.

6. Caja mínima.

Presupuesto de tesorería

Se formula con la estimación prevista de fondos disponibles en caja, bancos y valores de fácil realización. También se conoce como presupuesto de caja o de efectivo porque consolida todas las transacciones relacionadas con la entrada de fondos monetarios, como ventas al contado, recuperaciones de cartera, ingresos financieros, etc., o con salida de fondos líquidos ocasionados por la congelación de deudas o amortizaciones de créditos o proveedores o pago de nómina, impuestos o dividendos. Se formula o presenta en dos periodos cortos: meses o trimestres. Se puede decir que el presupuesto de caja se basa en el control de estimado a gastar.

Presupuesto de inversiones capitalizables

Este tipo de presupuesto busca controlar todas las inversiones en activos fijos como son la adquisición de terreno, construcciones, ampliaciones o remodelaciones de edificios, y compra de maquinarias y equipos, sirviendo para evaluar alternativas posibles de inversión y conocer el monto de fondos requeridos y su disponibilidad en el tiempo con los cuales puedes saber en qué tiempo se requerirá la información para determinar en qué momento tomar las alternativas más viables para el desarrollo del plan.

Presupuesto público

Son aquellos que elaboran los gobiernos, estados, empresas descentralizadas, etc., para controlar las finanzas de sus diferentes dependencias. En estos se cuantifican los recursos que requiere la operación normal, la inversión y el servicio de la deuda pública de los organismos y las entidades oficiales.

Dentro del presupuesto público se contempla:

Ingresos públicos y su clasificación: Los recursos o ingresos de capitales públicos son todas las formas de agrupar, ordenar y presentar los recursos públicos, con el fin de realizar análisis y proyecciones de tipo económico y financiero que se requiere en un período determinado. Su clasificación depende del tipo de análisis o estudio que se desee realizar, sin embargo, generalmente se utilizan tres clasificaciones que son:

Según su periodicidad

Esta agrupa a los ingresos según la frecuencia con que el fisco los percibe. Se pueden clasificar en ordinarios y extraordinarios. Los ordinarios son aquellos que se recaudan en forma periódica y permanente proveniente de fuentes tradicionales, conformadas por los tributos, las tasas y otros medios periódicos de financiamiento del Estado. Los ingresos, extraordinarios por exclusión, serían los que no cumplen con estos requisitos.

Económica

Los ingresos públicos se clasifican o desglosan en corrientes, recursos de capital y fuentes financieras.

Los ingresos corrientes son aquellos que proceden de ingresos tributarios, no tributarios y de transferencias recibidas para financiar gastos corrientes. Los recursos de capital son los que se originan por la venta de bienes de uso, muebles e inmuebles, indemnización por pérdidas o daños a la propiedad, cobros de préstamos otorgados, disminución de existencias, etc.

Las fuentes financieras se generan por la disminución de activos financieros (uso de disponibilidades, venta de bonos y acciones, recuperación de préstamos, etc.) y el incremento de pasivos (obtención de préstamos, incremento de cuentas por pagar, etc.).

Por sectores de origen

Esta clasificación se fundamenta en uno de los aspectos que caracterizan la estructura económica de Venezuela, donde una elevada proporción de productos se realizan en actividades petroleras y de hierro, lo cual implica que la mayoría de los ingresos surgen de las operaciones ejecutadas en el exterior. Dicha clasificación presenta lo siguiente:

1) Sector externo:

    A. Petroleros.

    B. Ingresos del hierro.

    C. Utilidad cambiaria.

    D. Endeudamiento externo.

2) Sector interno:

    A. Impuestos.

B. Tasas.

C. Dominio territorial.

D. Endeudamiento interno.

E. Otros ingresos.

De los gastos públicos y su clasificación

Estos presupuestos contemplan las diversas formas de presentar los egresos públicos previstos en el presupuesto, con el fin de analizarlos, proporcionando además información para el estudio general de la economía y de la política económica que tiene previsto aplicar el Gobierno Nacional para un período determinado. A continuación, se presentan las distintas formas de clasificar el egreso (gasto) público previsto en el presupuesto público:

Clasificación institucional

A través de ella se ordenan los gastos públicos de las instituciones o dependencias a las cuales se asignan los créditos presupuestarios, en un período determinado, para el cumplimiento de sus objetivos.

Clasificación por naturaleza de gasto

Permite identificar los bienes y servicios que se adquieren con las asignaciones previstas en el presupuesto y el destino de las transferencias, mediante un orden sistemático y homogéneo de estos y de las transferencias, y de las variaciones de activos y pasivos que el sector público aplica en el desarrollo de su proceso productivo.

Clasificación económica

Ordena los gastos públicos de acuerdo con la estructura básica del sistema de cuentas nacionales para acoplar los resultados de las transacciones públicas con el sistema, además permite analizar los efectos de la actividad pública sobre la economía nacional.

Descripción de los principales rubros de la clasificación económica:

A. **Gastos corrientes**: son los gastos de consumo o producción, como la renta de la propiedad y las transacciones otorgadas a los otros componentes del sistema económico para financiar gastos de esas características.

B. **Gastos de capital**: son los gastos destinados a la inversión real y las transferencias de capital que se efectúan con ese propósito a los exponentes del sistema económico.

Clasificación sectorial

Esta presenta el gasto público desagregado en función de los sectores económicos y sociales, donde el mismo tiene su efecto. Persigue facilitar la coordinación entre los planes de desarrollo y el presupuesto gubernamental.

Clasificación por programas

Esta presenta el gasto público desagregado en función de los sectores económicos y sociales, donde el mismo tiene su efecto. Persigue facilitar la coordinación entre los planes de desarrollo y el presupuesto gubernamental, es decir, el Presupuesto por Programas es un instrumento que cumple con el propósito de combinar los recursos disponibles en un futuro inmediato, con metas a corto plazo, creadas para la ejecución de los objetivos de largo y mediano plazo.

Clasificación regional

Permite ordenar el gasto según el destino regional que se le da. Refleja el sentido y alcance de las acciones que realiza el sector público, en el ámbito regional.

Presupuesto por desempeño

Este presupuesto contiene información sobre el funcionamiento de la presupuestación para redirigir el proceso de presupuesto federal de su enfoque en los insumos hacia uno que, también, incluya la producción obtenida por el uso de tales insumos.

Clasificación mixta

Son combinaciones de los gastos públicos, que se elaboran con fines de análisis y toma de decisiones. Este tipo de clasificación logra presentar una serie de aspectos de gran interés, que facilitan el estudio sistemático del gasto público y la determinación de la Política Presupuestaria para un período dado. Las siguientes son las clasificaciones mixtas más usadas:

A. Institucional por programa.

B. Institucional por la naturaleza del gasto.

C. Institucional económico.

D. Institucional sectorial.

E. Por objeto del gasto económico.

F. Sectorial económica.

G. Por programa y por la naturaleza del gasto.

Presupuestos privados

Son los presupuestos que utilizan las empresas particulares como instrumento de su administración. Contienen los mismos elementos económicos y financieros en términos generales de presupuestos del sector público con algunas variantes en la concepción de partidas o cuentas de asignación presupuestaria.

Presupuestos por su contenido

Estos se componen por dos tipos:

Principales: este tipo de presupuestos son un resumen, en el que se presentan los elementos medulares en todos los presupuestos de la empresa.

Auxiliares: este presupuesto presenta de manera analítica todas las operaciones estimadas por cada uno de los departamentos encargados de la organización de la empresa.

Presupuestos por su técnica de valuación

Estimados: estos presupuestos se formulan sobre bases empíricas. Sus cifras numéricas, por ser determinadas sobre experiencias anteriores, representan tan solo la probabilidad más o menos razonable de que efectivamente suceda lo que se ha planeado.

Estándar: este tipo de presupuesto elimina en un porcentaje muy elevado las probabilidades de error, por lo que sus cifras, a diferencia de las anteriores, representan los resultados que se deben obtener.

Presupuestos basados en su reflejo en los estados financieros

De posición financiera: este tipo de presupuesto muestra la posición estática que tendría la empresa en el futuro, en caso de que se cumplieran las predicciones. Se presenta por medio de lo que se conoce como posición financiera (balance general) presupuestado.

De resultados: muestran las posibles utilidades a obtener en un período futuro.

De costos: se preparan tomando como base los principios establecidos en los pronósticos de ventas, y reflejan, a un período futuro, las erogaciones que se hayan de efectuar por concepto del costo total o cualquiera de sus partes.

Presupuestos basados en su finalidad

Por promoción: se presentan en forma de proyecto financiero y de expansión; para su elaboración es necesario estimar los ingresos y egresos que haya que efectuarse en el período presupuestal.

Por aplicación: normalmente se elaboran para solicitud de créditos. Constituyen pronósticos generales sobre la distribución de los recursos con que cuenta, o habrá de contar la empresa.

Por fusión: se emplean para determinar anticipadamente las operaciones que hayan de resultar de una conjunción de entidades.

Por áreas y niveles de responsabilidad: Cuando se desea cuantificar la responsabilidad de los encargados de las áreas y niveles en que se divide una compañía.

Por programas: este tipo de presupuestos los crean habitualmente dependencias gubernamentales, descentralizadas, patronatos, instituciones, etc. Sus cifras expresan el gasto, en relación con los objetivos que se persiguen, determinando el costo de las actividades concretas que cada dependencia debe realizar para llevar a cabo los programas a su cargo.

Presupuestos bajo cero

Este presupuesto se realiza sin tomar en consideración las experiencias habidas. Este presupuesto es útil ante la desmedida y continua elevación de los precios, exigencias de actualización, de cambio, y aumento continuo de los costos en todos los niveles, básicamente. Resulta muy costoso y con información extemporánea. El proceso de análisis de cada partida presupuestaria, comenzando con el nivel actual de cada una de ellas, para después justificar los desembolsos adicionales que puedan requerir los programas en el próximo ejercicio, es típico de una administración pública y no debe ser el procedimiento para decidir en la esfera privada.

El Costo y sus tipos

Ya hablamos de manera amplia y detallada algunos tópicos que forman parte de los presupuestos, pero también debemos definir lo qué es el costo y sus tipos.

El costo es el valor patrimonial o monetario de los productos o consumos de factores que potencia la ejecución de una actividad económica destinada a la producción de un bien, producto, servicio o actividad. El costo se debe contemplar en todas y cada una de las actividades que se desempeñan en la vida, pues de alguna manera es el precio que se pagará para conseguir o adquirir algo.

Los costos tienen diferentes clasificaciones y tipos:

- Según su naturaleza

    a. Materias primas y otros aprovisionamientos.

    b. Servicios exteriores.

    c. Mano de obra directa y/o indirecta.

d. Amortizaciones, que es el costo derivado de emplear activo fijo en la producción.

e. Financieros, derivados del uso de recursos financieros externos.

f. Costos de oportunidad, que son aquellos costos en que incurren por no haber atendido a una inversión alternativa disponibles o también el valor de la mejor opción no realizada.

g. Costos indirectos de fabricación y prestación.

- Costos explícitos e implícitos

Ya que, en el área económica, además de transacciones monetarias, se estudia también cómo los individuos toman sus decisiones, se realiza una distinción entre costos implícitos y explícitos:

a. **Costo explícito** es aquel expresable en términos monetarios; es decir, requiere uso de dinero para su pago.

b. **Costo implícito** es aquel no expresable de forma monetaria; es decir, como costo de oportunidad.

- Según la aplicación de los factores a los productos

Dependiendo de la aplicación de los factores a los productos que son objeto de fabricación se distingue entre costos directos y costos indirectos.

a. **Costos directos:** se caracterizan por su cálculo que se puede asignar de forma cierta a un producto. Por ejemplo, en la fabricación de un periódico, el costo de papel consumido es un costo directo, porque se puede saber con exactitud la cantidad de papel necesaria para confeccionar un periódico, mientras que el costo relativo a la limpieza de la nave de fabricación es un costo indirecto en la producción de un bien.

b. **Costos indirectos**: se afectan globalmente y como no pueden ser asignados directamente a un producto, deben ser previamente distribuidos a través del denominado cuadro de reparto primario de costos.

- Costos fijos y variables

Estos se establecen dependiendo a la fluctuación de la moneda con la que se estudian y establecen los presupuestos:

Costo variable, recoge aquellos costos que varían al mismo ritmo que la producción, como por ejemplo el costo derivado del consumo de agua en una fábrica de refrescos, este costo es evidentemente de carácter variable. Es importante señalar que la definición de variable corresponde al costo total, pues en la medida que cambie el elemento que hace variar su valor en la totalidad, hará que el valor o costo varíe o fluctúe proporcionalmente, sin embargo, en términos unitarios, en un escenario de economía perfecta y precios constantes, un costo que aparece como variable a escala total, tiene un comportamiento fijo a escala unitaria. Por ejemplo, si una persona compra un boleto para ir a un evento, el costo total corresponderá a una persona multiplicado por el precio de costo de la entrada al evento, si se agregan personas, el costo total de asistir al evento variará proporcionalmente, sin embargo, al calcular el costo unitario, es decir, el costo total dividido por asistentes, tendrá directamente un comportamiento fijo.

Ejemplos de costos variables:

- El consumo de combustible empleado en un vehículo.

- Las comisiones de ventas pagadas a un vendedor.

- El alquiler de una dependencia en un centro comercial que tiene un pago en función de las ventas que este realice.

- Todos los ejemplos antes mencionados tienen en común que "hay algo que los hace variar", en el caso del consumo del combustible varía en función de los kilómetros recorridos, la depreciación en función de las horas empleadas, las comisiones en función de las ventas realizadas al igual que el alquiler de la dependencia en el centro comercial.

Costo fijo, es adaptado por las empresas de forma independiente a la cantidad producida, por lo que el costo no aumenta cuando sube la cantidad producida, ni baja cuando lo hace la cantidad producida, e incluso en un caso extremo hay que soportarlos aun cuando la cantidad producida sea nula. En la realidad los costos solo se comportan como fijos a corto plazo, pues a largo todos tienen carácter variable. De esta manera, el costo de alquiler de un local contratado por un año, será un costo fijo durante ese tiempo anual que deberá ser pagado independiente de la cantidad fabricada o vendida de un bien.

Ejemplos de costos fijos:

- La depreciación de un vehículo calculada en función de los años de vida útil.

- Cuota mensual por seguro de incendio

- Sueldo base de un vendedor de productos.

- Alquiler de un centro comercial sin componentes variables.

En todos los ejemplos anteriores el costo permanece independientemente de que haya o exista un nivel de actividad, es decir, si la empresa cierra por vacaciones igualmente deberá asumir estos costos.

- Costo Estándar

Es un valor o costo presupuestado que se basa en los niveles de eficiencia normal. Se desarrolla con base en los valores o costos directos e indirectos presupuestados. Es una medida de qué tanto debe costar producir una unidad de producto o servicio siempre bajo condiciones de eficiencia, es decir, sin desperdicios, tiempo ocioso, etc. Este costo está compuesto por los costos de los componentes requeridos para elaborar un producto.

Un ejemplo de este costo puede ser el de una chaqueta de piel, el cual incluye:

1. Costo de Materiales Directos (piel, zipper, botones, etc.).

2. Costo de Mano de Obra Directa (el tiempo requerido para cortar el diseño, coserlo, etc. multiplicado por la tarifa de producción de los empleados que influyen en el proceso).

3. Costos Indirectos o de Fabricación relacionados al producto (depreciación de la máquina cortadora de piel, electricidad, renta de la fábrica, etc.).

Elementos que componen el costo de producción

Son muchos los elementos que se deben tomar en cuenta a la hora de contemplar el costo dentro de un presupuesto, y se componen por:

- **Los materiales.** Son los principales recursos que se usan en la producción. Estos se transforman en bienes terminados con la ayuda de la mano de obra y los costos indirectos de fabricación. Se conforman por:

  a) **Directos**. Son todos aquellos costos que pueden identificarse en la fabricación de un producto terminado, fácilmente se relacionan con este y representan el principal costo de materiales en la elaboración de un producto.

  b) **Indirectos.** Son los que están involucrados en la elaboración de un producto, pero tienen una relevancia relativa frente a los directos.

c) **La mano de obra**. Es el esfuerzo físico o mental empleados para la elaboración de un producto.

- **La mano de obra**. Es el esfuerzo físico o mental empleados para la elaboración de un producto.

a) **Directa**. Es la mano de obra directamente involucrada en la fabricación de un producto terminado que puede asociarse con este con facilidad y que tiene gran costo en la elaboración.

b) **Indirecta.** Es la mano de obra que no tiene un costo significativo en el momento de la producción del producto.

Los costos indirectos de fabricación (CIF). Son todos aquellos costos que se acumulan de los materiales y la mano de obra indirectos más todos los incurridos en la producción pero que en el momento de obtener el costo del producto terminado no son fácilmente identificables de forma directa con el mismo.

¿Sabes qué es el modelo de costo ABC (Activity Based Costing)?

Es un modelo que permite la asignación y distribución de los diferentes costos indirectos, de acuerdo a las actividades realizadas, pues son estas las que realmente generan costos. Este sistema nace de la necesidad de dar solución a la problemática que presentan normalmente los costos estándar, cuando no reflejan fielmente la cadena de valor añadido en la elaboración de un producto o servicio determinado, y, por lo tanto, no es posible una adecuada determinación del precio.

El modelo de costo ABC asigna y distribuye los costos indirectos, conforme a las actividades realizadas en el proceso de elaboración del producto o servicio, identificando el origen del costo con la actividad necesaria, no solo para la producción sino también para su distribución y venta. Esta actividad se entiende como el conjunto de acciones que tiene como fin el incorporar valor añadido al producto a través del proceso de elaboración. El Modelo ABC se basa en que los productos y servicios consumen actividades, y estas a su vez son las generadoras de los costos.

Fases para implementar el Modelo de costo ABC

A continuación, se desglosan las fases del modelo de costo ABC:

Actividades: homologar productos, negociar precios, clasificar proveedores, decepcionar materiales, planificar la producción, expedir pedidos, facturar, cobrar, diseñar nuevos productos, etc.

Procesos: compras, ventas, finanzas, personal, planeación, investigación y desarrollo, etc.

Las actividades y los procesos para ser operativos desde el punto de vista de eficiencia, necesitan ser homogéneos para medirlos en funciones operativas de los productos.

Etapas para la asignación de costos

- **Primera etapa:** los costos se clasifican en un grupo de costos generales o pool para los cuales las variaciones pueden explicarse mediante un solo cost-driver.

- **Segunda etapa:** En esta etapa, el coste por unidad de cada pool es asignado a los productos. Se hace utilizando la ratio de pool calculado en la primera etapa y la medida del montante de recursos consumidos por cada producto.

¿Qué tanto influye un presupuesto en el ahorro?

Regresemos a hablar sobre el presupuesto, ahora orientado al ahorro personal o familiar. El presupuesto influye de manera positiva, pues puedes controlar muchísimo más tus gastos y ahorros.

Para crear el presupuesto mensual, debes tener en cuenta que debes saber con exactitud cuánto gastas por mes, y luego comparar esa cantidad con el ingreso líquido recibido. Si el gasto que se ha estimado se mantiene y se respeta, se podrá determinar en qué áreas es posible reducir gastos y si finalmente se gasta menos de los ingresos que se obtienen, allí estará el dinero para ahorrar.

¿Cómo calcular?

Para determinar la capacidad de pago de una persona, que es la cantidad máxima por la que se puede endeudar, se debe hacer lo siguiente:

- Se comienza por determinar su ingreso neto mensual (remuneración líquida).

- A eso se le resta la suma de gastos fijos que se tienen cada mes. Es decir, se le restan los pagos por alimentos, arriendo o dividendos, matrículas escolares, servicios básicos (luz, agua, gas, teléfono, cable y otros).

- Se deben agregar otros gastos como bencina, ropa y calzado, diversión, se debe estimar un gasto mensual.

- En caso de existir pagos por deudas, también se deben restar.

Si el resultado final es cero o cercano a cero, significa que la persona no tendrá capacidad de ahorro y tampoco debería tomar un crédito ya que no tendrá la capacidad para pagarlo.

Por el contrario, si es posible reducir los pagos mensuales y finalmente se gasta menos de los ingresos que se obtienen, allí estará el dinero para ahorrar.

Finalmente, el presupuesto mensual ayuda a identificar en qué se usa el dinero de cada mes y controlar su uso.

Otra gran estrategia para el manejo del presupuesto es la regla 50/20/30

Esta estrategia consiste en que el 50% para tus gastos más básicos, el 20% para ahorros y el 30% para tus gastos personales. De esta forma podrás conocer tus gastos en todo momento, y así saber cuánto dinero dedicas a ahorrar. ¿Cómo funciona?

1. El 50% del dinero de tu sueldo lo tienes que dedicar a gastos básicos. Estos se van en la hipoteca, las facturas, la comunidad, la cesta de la compra del mes, etc. Estos son gastos que debes llevar a cabo sí o sí. Por eso cubren el 50% de tu sueldo, para prevenir. Si te sobra dinero, mucho mejor. No lo gastes en cosas innecesarias y súmalo al siguiente porcentaje.

2. Un 20% del dinero que ganas tiene que ir dedicado al ahorro. Este dinero va a suponer un colchón que te va a salvar contra posibles deudas futuras, reformas en tu casa o cambios en tu familia. Y si eres joven, es el mejor momento para ahorrar, pues cuando seas mayor vas a agradecer el haber

ahorrado un buen dinero a partir de este método.

3. El último 30% va destinado a gastos personales. Es decir, todo aquello que puedas hacer durante el mes. Quizá compres algo de ropa, otro mes puedes gastarlo en más actividades de ocio, en viajar o puede que se te junten unos cuantos cumpleaños. Ahí es donde tienes que gastar este 30%. Y te recuerdo, si te sobra, súmalo al 20% de ahorro.

Importantes consejos para desarrollar un presupuesto funcional

Ya conoces la importancia de establecer un correcto presupuesto, ajustado a las metas y objetivos establecidos, por eso aquí te brindamos unos útiles consejos para desarrollar un potencial presupuesto, que no tenga perdidas ni desperdicios:

- **Analiza tus necesidades y deseos**. Evalúa tu situación económica y el entorno actual. Haz una lista de necesidades y otra de deseos, contestando estas preguntas:

1. ¿Por qué quiero esto?

2. ¿Qué cambiaría en mi vida si lo tuviera? (para bien o mal)

3. ¿Cuáles son las cosas verdaderamente importantes para mí?

4. ¿Qué necesito para vivir con felicidad y comodidad?

- **Haz una lista de tus prioridades.** El presupuesto se basa en las necesidades y deseos, pero se deben establecer prioridades de gasto. Algunas de ellas son:

1. Vivienda

2. Alimentación

3. Movilización

4. Vestimenta

5. Salud

6. Educación

7. Ahorro

- **Define metas inteligentes**.
  Asegúrate que tus metas sean:

a) **Específicas**: saber exactamente en
   qué gastarás tu dinero. Por ejemplo:
   hacer un viaje (no ahorrar por
   ahorrar).

b) **Medibles:** saber cómo va el alcance
   de tu meta. Ejemplo: el viaje cuesta
   $500 y ya tienes $250.

c) **Alcanzables:** pasos posibles.
   Ejemplo: saber que puedes recortar
   gastos para ahorrar lo suficiente cada
   mes para pagarlo.

d) **Relevantes:** relacionarse con tus
   necesidades y deseos. Ejemplo:
   hospedarte en hoteles de lujo durante
   el viaje.

e) **Tiempo definido:** fecha concreta
   para alcanzar la meta. Ejemplo: viajar
   en diciembre.

   - **Suma tus ingresos.** Incluye
     todas las fuentes de ingresos:
     salarios, intereses, inversiones,
     pensiones, etc.

o **Suma tus gastos.** La mejor manera de hacerlo es anotar cada centavo que gastas cada día, durante al menos un mes.

o **Calcula la diferencia.** Con esta operación sabrás la diferencia entre lo que ganas, gastas y tienes disponible (o no) para alcanzar una meta, acceder a un crédito, tener un fondo de emergencia, etc.

Identifique primero los gastos fijos

Si no tiene un presupuesto familiar, el inicio del año es un buen momento para comenzar a ordenar sus finanzas. Recuerde que todas las recomendaciones se pueden resumir en una sola: no gaste más de lo que gana. Y para esto es indispensable saber cuánto gana y cuánto gasta. Para calcular sus gastos primero debe identificar los que son fijos y cuánto suman estos al mes.

Los gastos variables

La segunda parte al momento de preparar un presupuesto es identificar sus gastos variables:

por ejemplo, las salidas al cine o comidas fuera de casa, entre otros. Un gasto variable importante, más por la dificultad de su control que por su monto, es el denominado "gasto hormiga", es decir, aquellos pagos pequeños que una persona hace a lo largo del día y que finalmente constituyen un monto mayor.

La distribución en la pareja

Una buena opción es que cada quien asuma el 50% de los gastos fijos. Otra fórmula que funciona es que los gastos fijos se repartan proporcionalmente al monto del ingreso de cada uno de los cónyuges. Y una tercera alternativa es que uno de ellos, ya sea el varón o la mujer, asuma el 100% y el otro se encargue del trabajo en el hogar.

Los ingresos también se ordenan

La parte del gasto es la más difícil de ordenar. Pero los ingresos también necesitan ser observados.

Gaste menos de lo que ahorra

El ahorro no debería ser lo que sobre de los ingresos, lo ideal es establecer un monto determinado para el ahorro, ya sea para tener un fondo de emergencia o para algún viaje o cuota inicial de un bien duradero, además, el presupuesto debe organizarse de tal manera que los gastos sean menores que los ingresos.

Revisión periódica del presupuesto

Una vez que tenga armado su presupuesto, debe actualizarlo todos los meses.

Recomendaciones finales que influyen de manera positiva en los presupuestos

Muchos expertos en el área financiera dicen que para que dure el ingreso mensual, debes hacer lo siguiente:

1. **Pague sus cuentas mensuales.** Hay muchas sanciones si pagas tus cuentas tarde, sanciones como cargos por pago atrasado, el perder la posesión de cosas que ha comprado a crédito, e incluso ser desalojado de un apartamento.

2. **Aparte el dinero que va a necesitar** para sus gastos semanales y diarios, como la comida y el pasaje de autobús.

3. **Ponga dinero en ahorros**. Trate de acumular dos meses de salario neto para usar en caso de tener una emergencia financiera inesperada.

4. **Aparte el dinero para grandes gastos** que sabe que van a ocurrir, como las reparaciones del automóvil o de electrodomésticos.

5. **Aparte dinero para sus grandes metas futuras,** tanto si se trata de una casa, la educación universitaria para sus hijos, un nuevo automóvil o un viaje.

6. **Trate de repartir las cuentas uniformemente a lo largo del mes**, de modo que pague aproximadamente la misma cantidad cada semana. Para las cuentas mensuales regulares, quizá pueda pedir un cambio en la fecha de vencimiento, para repartir mejor sus cuentas. Trate de evitar que haya semanas en que todo su dinero disponible sea necesario para pagar cuentas.

7. **Para los gastos grandes que no son mensuales**, por ejemplo: cuentas

de seguros, reparaciones de automóviles, regalos para las fiestas, etc. Guarde una cantidad de dinero cada semana o período de pago para tener dinero para pagar las cuentas cuando las mismas se venzan.

8. Procure una **orientación** para considerar qué parte de su ingreso mensual neto podría asignar en el presupuesto a diversos gastos:

- o Vivienda como alquiler o hipoteca, de 20 a 35%.

- o Servicios básicos como gas, luz, agua, recolección de basura, teléfono de 4 a 7%.

- o Comida en casa y fuera de casa, de 15 a 30%.

- o Necesidades de la familia como lavandería, artículos de tocador, cuidado del cabello, de 2 a 4%.

- o Gastos médicos como seguro, medicamentos, cuentas, de 2 a 8%.

- o Ropa 3 a 10%.

- Transporte como pago del automóvil, gasolina, seguro, reparaciones o costo del autobús, de 6 a 30%.

- Entretenimiento de 2 a 6%.

- Ahorros de 10 a 15%.

9. Trate de limitar sus deudas en cuotas (préstamos para automóviles, cuentas de tarjetas de crédito, otros préstamos) a un 10-20% de su presupuesto mensual.

10. Para decidir si un gasto es necesario, hágase las siguientes preguntas:

- ¿Lo necesito realmente?

- ¿Lo necesito realmente hoy mismo? ¿Qué pasaría si no lo comprara ahora?

- ¿Puedo satisfacer esta necesidad con un gasto menor?

11. Revise siempre sus estados de cuenta bancarios y de tarjetas de crédito. Le recordarán adónde va su dinero.

Conclusión

¿Notaste lo importante que es establecer un presupuesto correcto?

Todo en la vida consiste en la planificación, ya que esto mantiene el orden y la disciplina en cualquier sociedad. En la actualidad existen diversos métodos que te pueden permitir poner en orden tu vida, desde contratar una simple asistente personal como descargar una aplicación en tu celular que te pueda llevar la administración de tus finanzas en función a tus ingresos y gastos, de manera que no abuses o despilfarres más dinero del que podrás recuperar. El éxito de cualquier empresario es que tiene la inteligencia financiera de establecer presupuestos, planes y ejecutar planes de trabajo con un capital o inversión minuciosamente programado y destinado para cada actividad, que, ejecutada de manera correcta, dará el retorno de esa inversión más una ganancia que puede ser poca o bastante, dependiendo al impacto que ese producto tuvo en el mercado.

En el libro también destacamos la gran importancia que tiene el factor costo de los productos o bienes que se deben contemplar en los presupuestos. Si bien es cierto que la mejor calidad tiene un costo más elevado, algunas veces vemos casos en los que abusan de esa característica, por lo que debes siempre buscar diversas opciones para que puedas estudiar el mercado y saber cuál puede ser la mejor opción en precio, valor y calidad del producto, y no irte con lo primero que consigas, pues así sea un 5% o 10% que puedas ahorrar en cada gasto, es un porcentaje y dinero que irás acumulando y a la larga puede ser un gran ahorro a tu favor.

Una buena opción puede ser comprar productos al por mayor, en grandes cantidades, que, aunque puede ser un golpe duro para el momento, puede suponer un ahorro de hasta el 40% o 50% de ahorro, e incluso, puedes vender con un margen de ganancia a tu favor a algún conocido o familiar para recuperar y mejorar esa inversión. Muchas personas utilizan esta estrategia, pues siempre funciona, pero ten cuidado, el hecho de que compres en grandes cantidades, no significa que gastarás en grandes cantidades.

Ahora bien, si eres un gerente en alguna empresa, o de ti dependen importantes decisiones financieras en alguna compañía u organización, debes tener muchísimo cuidado, pues ahí los costos son muchísimo mayor, y los presupuestos contemplan un mayor número de elementos a tomar en cuenta para la conformación de una partida presupuestaria. Cada vez que requieras realizar un presupuesto, detalla cada uno de los ítems o elementos que conforman ese presupuesto, evalúa si su calidad es la más optima, es el más indicado para cubrir la necesitad que tiene la organización en ese momento, pues si el precio es proporcional a la calidad del producto, si las cantidades no son exageradas sino que estás presupuestando la cantidad justa, y sobretodo, el tiempo de vida que proporcionará el producto final luego de aprobar el presupuesto, es decir, cuánto durará el producto que la empresa va a adquirir al ser aprobado el presupuesto.

Si eres cabeza de familia, arma una lista de gastos básicos por mes, por ejemplo, cuánto gastas mensualmente en comida (sin exagerar con lujos innecesarios como golosinas, alcohol, etc.), en pago de servicios como luz, agua, alquiler (si aplica), condominio, internet, teléfono o televisión por cable, además de otros gastos necesarios como el pago del transporte de los miembros de la familia (hijos o pareja), colegiatura de los hijos, estudios, entre otros gastos. Procura no salirte de esos costos o gastos mensuales, es decir, sobrepasarlos, al contrario, trata de disminuirlos o mantenerlos cada mes, y, en consecuencia, debes procurar ganar mensualmente esa cantidad de dinero con un excedente de 20% por encima de ese presupuesto para que puedas contar con capacidad de ahorro. Recuerda que ese ahorro será tu colchón salvavidas en algún momento menos esperado. Si tienes una pareja, procuren compartirse los gastos, y armar un fondo entre los dos para la familia, ahorrar para algunas vacaciones en familia en un futuro, la remodelación de la casa, o más importante aún, armar un fondo de estudio universitario para sus hijos o futuros hijos, e incluso, un fondo de retiro para cuando hayan cumplido la cuota de la vida laboral, es decir, cuando cumplan cada uno más de 65 años y deban jubilarse para ese momento, aunque la mejor opción para esto es invertir en un emprendimiento o empresa que pueda dar dividendos de manera pasiva sin que tú como dueño debas trabajarlo con regularidad, sino al contrario, solo monitorees que todo funcione en orden.

CPSIA information can be obtained
at www.ICGtesting.com
Printed in the USA
BVHW061413200120
569972BV00012B/220/J